Genusswandern
Meraner Land

Beim Gasthaus Hochmuth finden sich Seilbahntouristen, Tageswanderer mit den Zielen Leiteralm oder Mutspitze sowie Begeher des fünftägigen Meraner Höhenwegs ein.

Mark Zahel

Genusswandern
MERANER LAND

44 spannende Natur- und Kulturerlebnisse
auf aussichtsreichen Wegen zwischen Schnals-,
Passeier- und Ultental

BRUCKMANN

Auf der Kreuzspitze, einem der besten Schnalstaler Aussichtspunkte

Inhalt

Am Sockel der Gonnawand

Typisches Bauernhaus
im Ultental

Der Herbst trägt reiche Früchte.

Der Grünsee gehört zur Spronser Seenplatte.

**Kutschwagen in Pfelders –
für alle, die es ganz
beschaulich mögen**

Der Timmler Schwarzsee gehört zu den schönsten Bergseen Südtirols.

Unterwegs in der Sonnenstube

Wenn du ein genussorientierter Bergfreund bist, gleichermaßen von alpinen Szenerien wie von bäuerlichen Kulturlandschaften animiert und jederzeit für eine deftige Tiroler Marende zu haben, dann werden dich Meran und seine Umgebung berühren. Die Gegend birgt historisch interessante Schätze, lebt aber vor allem von ihrer unvergleichlichen Aura, einer Mischung aus urtirolerischer Bodenständigkeit und südländisch angehauchter Leichtigkeit. Es ist ja auch längst kein Geheimnis, dass südlich des Brenners – und ganz besonders rund um Meran! – die Sonne regelmäßig Überstunden macht und diesen klimatisch begünstigten Landstrich fast wie einen Garten Eden erscheinen lässt.

Freilich sind es nicht nur Klischeebilder von exotischen Pflanzen, weinseliger Geselligkeit und liebreizender Almidylle, die uns hier umgarnen. Schon rein geografisch hat das Meraner Land eine ungeahnte Spannbreite zu bieten, von den Gletschern am Alpenhauptkamm bis hinunter zu den Reb- und Obstgärten des Etschtals. Das sind nüchtern betrachtet mehr als 3000 Meter in der Vertikalen, was klimatisch einer Reise zwischen Skanden und Mediterranée entspräche. Landschaftsformen in allen Schattierungen von streng bis lieblich finden wir hier in geballter Form. Als Wanderer locken uns Touren, die nicht umsonst zu bekannten Evergreens aufgestiegen sind, ohne dass dabei jedoch eine ganze Region im touristischen Gewusel untergehen würde. Im Gegenteil: Wer in den Bergen Ruhe und Abgeschiedenheit sucht, kann sich auf Entdeckungsstreifzüge zu abgelegenen Höfen und Weilern, zu urigen Almen, stillen Bergseen und selten bestiegenen Gipfeln begeben. Kurzum: Es ist die ungeheure Vielseitigkeit, mit der das Meraner Land besticht.

Liebevoll gestalteter Blumengarten auf Oberöberst

In diesem Band wird anhand einer sorgfältigen Auswahl von 44 meist leichteren Wanderungen ein ausführlicher Querschnitt gezogen. Dabei schließen wir neben dem engeren Meraner Becken und seiner Umrahmung auch das Schnalstal, das Ultental mit dem fast vergessenen Deutschnonsberg sowie das Passeiertal samt Verzweigungen ein. Von talnahen Waalwegen bis zu Zielen im Dreitausenderniveau reicht das Tourenspektrum, das anforderungsmäßig auf den normalen Wanderer zugeschnitten ist. Als Highlight sei bereits an dieser Stelle der mehrtägige Meraner Höhenweg erwähnt, der komplett und wie in keiner anderen Publikation im Detail beschrieben wird.
Bleibt mir, allen Lesern genussreiche und erholsame Wandertage im Land zwischen Reben und Firn zu wünschen.
Mark Zahel

Einführung

Dieses Buch wurde unter besonderer Berücksichtigung verschiedener Genussmerkmale gestaltet. Jeder Tour ist eine der vier unten stehenden Kategorien zugeordnet. Natürlich glänzen viele Wanderungen sogar mit mehreren Vorzügen – dabei fällt die Wahl auf das jeweils hervorstechendste Merkmal. In einem Kasten erfährt man Näheres über diesen speziellen Aspekt und kann seine bevorzugten Touren auch danach aussuchen.

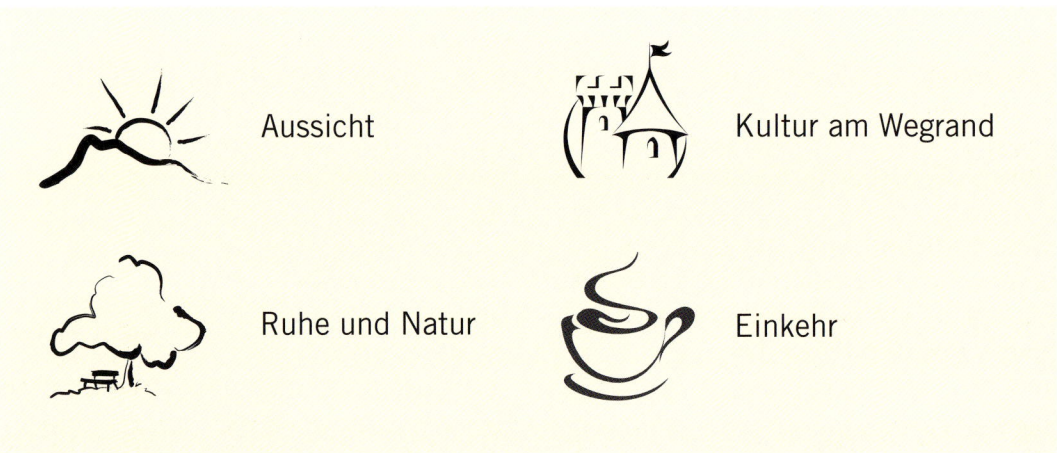

Ein bisschen Geografie

Das Meraner Land gehört zu den Zentralalpen, liegt dabei jedoch vollständig südlich des Alpenhauptkamms, was mit einer spürbaren klimatischen Bevorzugung einhergeht. Besonders augenfällig mag sich dies während einer Fahrt über das Timmelsjoch hinunter nach Meran zeigen: Während droben am Hauptkamm vielleicht noch ein kalter Wind um die schroffen Urgesteinsfelsen pfeift, vernehmen wir drunten am Zusammenfluss von Etsch und Passer nur ein laues Lüftchen im betörenden Duft submediterraner Pflanzen, die hier üppig gedeihen. Was für ein Kontrast! Mehr als die südliche Versetzung um bloß 30 Kilometer Luftlinie sind für dieses Phänomen freilich der Abschirmeffekt hoher Berge sowie die enorme Höhendifferenz verantwortlich. Meran liegt ja nur rund 300 Meter über Meeresniveau.

Gleichwohl ist es eine richtige Gebirgsstadt, wie eine Perle eingefasst von stattlichen Bergzügen. Lediglich nach Süden ist der Horizont durch die breite Etschtalfurche ziemlich offen, wogegen auf der anderen Seite die gewaltigen Schrofenflanken der Texelgruppe prangen, den Talboden auf kürzester Distanz um 2000 Meter und mehr überhöhen. Diese Texelgruppe – in frühesten Kartenwerken als »Tirolisch Alben« erwähnt und nach der heute üblichen Einteilung zu den Ötztaler Alpen gerechnet – ist gewissermaßen das Herz der Bergwelt um Meran. 1976 entstand hier der mit 334 Quadratkilometern größte Naturpark Südtirols. Alpingeografisch richten wir unser Augenmerk in den Tourenkapiteln des Weiteren auf die östlichsten Teile der Ortler-Alpen, den Mendelkamm, die Sarntaler Alpen mit ihrem Westkamm sowie die Südlichen Stubaier Alpen, wobei für die meisten Besucher eher die Zugehörigkeit zu verschiedenen Talschaften von Bedeutung sein dürfte. Dazu gleich noch Genaueres.

Geologisch dominieren in unserer Region sogenannte Kristallingesteine, vor allem alte Gneise und Granitgneise, Glimmerschiefer, Phyllite und Quarzporphyr, während Kalk nur strichweise in einer ganz besonderen Ausprägung vorkommt, nämlich metamorphosiert als Marmor (Schneeberger Zug). Das Relief mit seinen so mannigfaltigen Formenschätzen ergibt sich in hohem Maße aus der inneren Struktur und ebendiesen »Baumaterialien«. Das kann selbst der Laie nicht übersehen, wenn er etwa den sanften Rücken des Tschögglbergs mit den kantigen Felshäuptern der Texelgruppe vergleicht. Als entscheidender Prozess trat schließlich noch die glaziale Überprägung hinzu, die faszinierende Trogtäler, Kare, Seenplatten usw. hinterlassen hat.

Das nächtliche Lichtermeer Merans aus der Vogelperspektive

Schnalstal und Untervinschgau

Genau genommen befinden wir uns hier schon in der Großregion Vinschgau. Doch die touristische Verbandelung mit Meran ist so stark, dass mir dieser Aspekt wichtiger erscheint als eine klassische Abgrenzung, was zur Aufnahme in dieses Buch geführt hat. Das Schnalstal zweigt zwischen Staben und Naturns vom Vinschgau (Etschtal) ab und schließt in nordwestlicher Richtung gegen den Ötztaler Hauptkamm auf. Mit seinem wichtigsten Seitenast, dem nahezu unbesiedelten Pfossental, ist es ein typischer Vertreter inneralpiner Talschaften, die bis heute ein überwiegend bäuerliches Gepräge zeigen. Über einem Lärchenwaldsockel geht es dabei schnell in alpine Höhenstufen hinauf. Größere Orte gibt es nicht, nennenswert sind Karthaus (die einstige kulturelle Keimzelle als Kartäuserkloster Allerengelberg), Unser Frau in Schnals und das wie ein Adlerhorst auf einer Felsnase thronende Katharinaberg, das erst um 1970 ans Straßennetz angeschlossen wurde. In dieser Zeit begann sich im Talschluss einiges zu rühren, als man glaubte, zukünftig nicht ohne Inszenierung eines Gletscherskizirkus auszukommen. Die alten, wettergegerbten Höfe von Kurzras verloren sich inmitten seelenloser neuer Hotelbauten. Natürlich sei allen Alpenbewohnern ein Teilhaben am Fortschritt gegönnt, doch dass im innersten Schnalstal etwas nicht so recht zusammenpasst, lässt sich kaum bestreiten. Im Pfossental wurde Ende des 19. Jahrhunderts sogar noch auf 2071 Meter Höhe ganzjährig gesiedelt: Höhenrekord in den gesamten Ostalpen. Wer heute sommers zum Eishof kommt, vermutet dahinter eine malerische Idylle, doch was war wohl im Winter, wenn sich bei strenger Kälte Schneemassen türmten und Lawinen drohten?

Die Schnalser Schlucht am Ausgang zur Etsch war lange Zeit eine echte Barriere. Und tatsächlich wähnt man sich auch im Zeitalter modernster Verkehrswege drunten im Haupttal in einer anderen Welt. Wir sind im Vinschgau, genauer gesagt in seinem untersten, mildesten Abschnitt, der offiziell bis zur Töll reicht, um dort ins Meraner Becken überzugehen. Wo man hinschaut: Obstplantagen! Im Frühjahr ein riesiges Blütenmeer. Nimmermüde Beregnungsanlagen

Partschins liegt inmitten riesiger Obstbaumfluren.

Am Taser Höhenweg
hoch über dem
Meraner Becken

sichern eine gute Ernte. Dagegen haben die althergebrachten Waale ihre Dienste oftmals quittiert, bis auf wenige, die immer noch das kostbare Nass spenden und bei der gemütlichen Wanderfraktion äußerst beliebt sind. Über den gesamten Sonnenberg verstreut kleben die Höfe in den Steilflanken, parzellieren die meist offene Landschaft auf ihre Weise. Indessen sieht der gegenüberliegende Nörderberg tannendunkel und schattenkühl aus, doch auch dort sind vereinzelte Rodungsinseln zu entdecken. Der quirlige Ort Naturns gilt als Zentrum des Unteren Vinschgaus, seit Inbetriebnahme der Umgehungsstraße glücklicherweise verkehrsberuhigt. Ein Stück weiter liegen Rabland sowie auf einem südseitigen Schwemmkegel an der Mündung des Zieltals das schmucke Partschins, berühmt für den höchsten Wasserfall Südtirols ganz in der Nähe. Über die Töllstufe schließlich verlassen wir den Vinschgau in den sich öffnenden Kessel von Meran.

Meraner Becken und Burggrafenamt

Wer hat sich nicht schon alles vom einzigartig nostalgischen Flair Merans vereinnahmen lassen. Von bekannten Dichtern, Denkern und Künstlern bis zum aristokratischen Hochadel, nicht zu vergessen die vielen namenlosen Sommerfrischler und Urlauber, die dieser Destination über viele Jahre die Treue hielten und halten. Hier atmet Geschichte und lebt Tradition, ohne dabei die Moderne zu verleugnen. Urkundlich erwähnt wurde Meran schon im Jahre 857. Seinen Aufstieg erlebte es im Mittelalter nach Bau von

Schloss Tirol und Gründung der »Gefürsteten Grafschaft Tirol«, welche die Erhebung zur Landeshauptstadt ermöglichte. Doch nur relativ kurze Zeit stand Meran im Zentrum dieser Macht. Nachdem sich der Handel zunehmend auf Bozen verlagerte und die neuen Regenten aus dem Habsburgerreich Innsbruck zur Hauptstadt von Tirol erkoren, verfiel es wieder zur Provinz. Später wurde gar despektierlich vom »Kuhstadtl« gespöttelt. Erst mit der Geburt als Kurort trat im Zuge eines aufkeimenden Fremdenverkehrs Meran im 19. Jahrhundert wieder ins Licht der breiten Öffentlichkeit und damit in eine zweite Blüte. Dieses Erbe ist heutige Präsenz, denn kulturhistorisch haben die Stadt und ihre seit alters her als Burggrafenamt bezeichnete Umgebung jede Menge zu bieten. Wer länger in der Gegend weilt, wird einen Stadtrundgang nicht versäumen, genüsslich durch Laubengassen bummelnd und über Promenaden flanierend. Uns Bergwanderern mögen die kurzen Reminiszenzen an die Geschichte an dieser Stelle genügen; Einzelheiten findet der Interessierte in eigens darüber verfassten Werken.

Idylle am Marlinger Waalweg

Werfen wir lieber noch einen Blick auf das Landschaftsgefüge: Das Meraner Becken formiert sich an der Mündung der Passer in die Etsch, wo diese aus dem Vinschgau kommend Richtung Südtiroler Unterland abknickt. Allein diese Topografie, gerahmt im Osten von den Sarntaler Alpen – am Ifingermassiv noch schroff, mit dem Tschögglberg dann denkbar sanft gegen Süden auslaufend –, im Südwesten vom Waldrücken des Vigiljochs als Außenposten der mächtigen Ortler-Alpen und im Nordwesten von der himmelhohen Berglehne der Texelgruppe, bestimmt Bilder voll ergreifender Harmonie. Rund um das städtische Zentrum von Meran gruppieren sich Ortschaften, die ihr Auskommen im Tourismus sowie im traditionsbehafteten Wein- und Obstbau finden. Hier reift ein köstlicher Vernatsch!

Gleich unterhalb der Töll belebt die weitläufig verstreute Gemeinde Algund die sonnigen Hänge über der Etsch. Dorf Tirol – immerhin Namengeber für ein ganzes Land – besetzt hingegen sehr fotogen den Höhenrücken des Küchelbergs direkt über der Stadt; neben sich das alte Stammschloss der Grafen von Tirol. Wo das Passeiertal beginnt, kann man Kuens und Riffian auf der einen sowie das besonders sonnenverwöhnte Schenna auf der anderen Seite noch zum engeren Meraner Raum zählen. Auch diese schön herausgeputzten Touristenorte nutzen die Gunst der Hangterrassen. In besonderem Maße – zumal in Höhen zwischen 1000 und 1500 Metern gelegen – gilt dies für Hafling, Vöran und Mölten, die sich mit ihren Weilern an die waldreiche Westflanke des Tschögglbergs schmiegen. Hier ist das Klima selbst im Hochsommer, wenn drunten im Meraner Becken die Temperaturen nicht selten deutlich die 30-Grad-Marke überschreiten, sehr angenehm. Als Pendant dazu darf westseitig der Etsch das Tisner Mittelgebirge angesprochen

werden. Auch dort begaben sich die frühen Siedler mit Vorteil auf die Hangterrassen, gründeten Dörfer wie Prissian, Tisens oder Völlan oder versuch-
ten ihr Glück auf abgelegenen Einödhöfen, die bis heute Oasen der Ruhe
geblieben sind. Das fruchtbare Etschtal selbst zeigt sich als riesiger Obstgar-
ten mit geradezu industriell ausgeübter Ambition. Kein Wunder, dass jeder
zehnte Apfel der EU aus Südtirol stammt. Spitzenreiter in der Produktion ist
die Marktgemeinde Lana, deren Ortsteile mit Tscherms und Marling schon
fast zusammenfließen. Das »Törggelen«, bei dem alljährlich im Herbst der
neue Wein verkostet wird, hat hier im Burggrafenamt eine lange Tradition,
wobei sich die Grenze zwischen echtem Brauchtum und reinem Touristen-
event leider zusehends verwischt. Ganz und gar stilecht sind aber in jedem
Fall die vielen Burgen, Schlösser und Herrenansitze, die dem Landstrich um
Meran eine besondere Note verpassen und aus dem Gesamtambiente kaum
wegzudenken sind.

Ultental und Deutschnonsberg

Direkt bei Lana, inmitten dicht gestaffelter Obstplantagen, zweigt gen Südwesten das von der Falschauer durcheilte Ultental ab. Auf seinen Ursprung

Das kleine Kuhhüttl im Ultental strahlt alle Urtümlichkeit Südtiroler Almlebens aus.

treffen wir erst im teils vergletscherten Reich der Ortlerberge, sodass der Anspruch Südtirols, das »Land zwischen Reben und Firn« zu sein, hier eine Beispielhaftigkeit findet. Ulten ist seinerzeit zwar unter die Fittiche der Energiewirtschaft geraten, was manchem Einheimischen schmerzhafte Erfahrungen einbrachte, kann sich andererseits im Kern aber noch einer wohltuenden Ursprünglichkeit rühmen. Denn wo nicht gerade ein Staudamm dieses Bild stört (insgesamt sind es deren sechs), ist die bäuerliche Kultur noch sehr intakt, was zahllose stolze Gehöfte und bestoßene Almen eindrucksvoll belegen. Als erstes Dorf begrüßt uns nach der kurvigen Strecke über der Gaulschlucht das verschachtelte St. Pankraz. In St. Walburg, kurz vor dem großen Zoggler Stausee gelegen, befindet sich der Sitz der Talgemeinde. Dahinter folgen neben vielen Höfen, einzeln oder in lockeren Gruppen, noch die Dörfer St. Nikolaus und St. Gertraud, wo man sich auf 1500 Meter Höhe dem mediterranen Charme des Etschtals vermutlich schon weit entrückt fühlt. Dafür sind wir mittendrin in einem großen Bergtourenrevier. Die beiden Kammzüge, die das Ultental mit nur wenigen eher unscheinbaren Verzweigungen begleiten, bedeuten für Südtiroler Verhältnisse – ich würde sagen – solides Mittelmaß, doch steigern sich die hochalpinen Eindrücke Richtung Talschluss hin merklich.

Jenseits des Ultner Südkamms und des Mendelkamms liegt eigentlich schon zum Trentino ausgerichtet ein Gebiet, das man als eine Art Südtiroler Enklave bezeichnen könnte: der Deutschnonsberg. Die Gegend ist zudem zweigeteilt, einmal mit dem Wallfahrtsort Unsere Liebe Frau im Walde sowie St. Felix, die von Lana über den Gampenpass zu erreichen sind, zum anderen mit Proveis und Laurein, die erst vor wenigen Jahren durch die Straße von Ulten via Hofmahdjoch direkten Anschluss erhielten. Das mag die Entlegenheit etwas gemildert haben, doch wird bei einem Besuch deutlich: Hier sagen sich Fuchs und Hase gute Nacht, was keinesfalls als Abwertung verstanden werden soll. Im Gegenteil: Der vergessene Deutschnonsberg präsentiert uns urtümlichstes Bauernland, ideal für Ruhesuchende, die kein großes touristisches Angebot benötigen, sich aber in einem mittelgebirgsähnlichen Geflecht ausgedehnter Wälder und Almwiesen am meisten wohlfühlen.

Passeiertal

Bleibt als letzte Teilregion des Meraner Landes noch das Passeiertal, das von Meran ausgehend grob gesprochen nördlich hinaufzieht, also wieder die Nähe zum Alpenhauptkamm sucht. Während die international renommierte Stadt gesellschaftlich längst Merkmale beider Sprachgruppen vereint, ist die Heimat des Andreas Hofer, des bekannten Freiheitskämpfers von vor 200 Jahren, bis dato urtirolerisch geblieben. Festungsähnliche mittelalterliche Schildhöfe, deren Besitzern für Kriegsdienste vom Landesherrn besondere Rechte und Privilegien anheimgestellt wurden, sind eine

Besonderheit des Tals. Die Berglehnen der Texelgruppe und des Sarntaler Westkamms schenken bereits dem Außer- und Vorderpasseier einen hohen, fast symmetrischen Bergrahmen mit steilen Gipfelkämmen. Höfe finden wir bis in Lagen von 1400, 1500 Metern, stets sehr malerisch gestreut. Während sich das hübsche Riffian politisch, touristisch und dem Flair nach Richtung Meran orientiert, spricht man ab Saltaus – vorbei an St. Martin und dem legendären Sandwirt – bis hinein nach St. Leonhard vom Vorderpasseier. Erstaunlicherweise steigt der Talverlauf über diese Strecke von knapp 20 Kilometern kaum wesentlich an.

Infos auf den schnellen Klick

Allgemein über Südtirol:
www.suedtirol.com
Wetterbericht:
www.wetter.provinz.bz.it
Südtiroler Alpenverein:
www.alpenverein.it, Alpine Auskunft: www.alpenvereinaktiv.com
Öffentlicher Nahverkehr:
www.sii.bz.it und
www.vinschgerbahn.it;
Tel. 800/84 60 47 (kostenfrei)

Über St. Leonhard steht der Kreuzspitz- oder Jaufenkamm als massiger Querriegel, was die Teilung in zwei Taläste bewirkt. Nordöstlich schließt das Waltental zum Jaufenpass auf, der besiedlungsgeschichtlich nicht ohne Bedeutung gewesen sein dürfte und heute regen Verkehr hinüber ins Sterzinger Becken und zur Brennerroute zu tragen hat. Wer aus dem Norden in sein Urlaubsdomizil kommt, wählt möglicherweise diese Anfahrtsroute. Das eigentliche Passeiertal, jenseits von St. Leonhard als Hinterpasseier geläufig, steigt hingegen nordwestwärts zu einem anderen Alpenpass an, dem Timmelsjoch. Hier ist die Milde des Südens endgültig gewichen, die hochalpinen Wesenszüge der Landschaft treten klar hervor. Zwar darf sich Stuls in seiner südoffenen Balkonlage einer bemerkenswerten Sonnenscheindauer rühmen, doch ist die Luft nicht mehr mit jenen linden Aromen des Unterlandes angereichert, sondern frisch und klar. Die wohl alpinste Kammer entdeckt, wer bei Moos über Platt ins Pfelderer Tal abzweigt. Zuhinterst im »tiefen Bergversteck an den Eisbergen«, wie bereits im 19. Jahrhundert gedichtet wurde, stehen stattliche Dreitausender Spalier: ein Paradies für den zünftigen Berggänger! Den eigentlichen Ur-

Idyllischer Bergweg an der Matatzspitze im Passeiertal

sprung findet das Passeiertal aber nicht in Pfelders, sondern in der Timmelsjochregion, die heute nur noch kleinste Weiler als Besiedlung trägt, ansonsten fette Wiesen und jede Menge Ödland. Das war freilich einmal anders, wenn wir uns den Bergbau am Schneeberg mit dem Knappendorf St. Martin auf sensationellen 2355 Meter Seehöhe in Erinnerung rufen. Aus dem Saumweg über das Timmelsjoch ist mittlerweile eine Touristenstraße und das wichtigste Element der Gegend geworden – sommers befahrbar im Hin und Her zwischen dem Nordtiroler Ötztal und dem Südtiroler Passeiertal.

Allgemeine Vorbemerkungen

Auswahl der Touren   Dieses Buch ist eindeutig für den gemäßigten Wanderer konzipiert, der in den Bergen vorrangig Genuss und Erholung sucht. Freilich schließt das nicht den Ansporn aus, auch mal einen höheren Gipfel zu erklimmen, sofern dieser von gutmütiger Art ist und keine nennenswerten klettertechnischen Schwierigkeiten bereitet. Das Attribut »genussvoll« dürfen wir sowohl auf die Wegstrecken beziehen als auch im buchstäblichen Sinn auf die Möglichkeit einer behaglichen Einkehr. Denn dieses Thema wird – gerade in den Bergen um Meran – bei Wanderern ganz großgeschrieben, worauf sich offensichtlich viele Almen bereits eingerichtet haben. Bei manchen sind die Einnahmen als Jausenstation längst lukrativer als die althergebrachte Viehwirtschaft.

Das Spektrum der vorgestellten Touren lässt sich salopp in etwa so umschreiben: nicht zu schwer, aber in aller Regel auch mehr als nur ein kleiner Bummel. Aktivurlauber können wählen zwischen talnahen Unternehmungen (etwa auf den romantischen Waalwegen), typischen Alm- und Hüttenwanderungen, Touren zu idyllischen Bergseen, Panoramawegen in des Wortes bester Bedeutung und nicht zuletzt zahlreichen Gipfelanstiegen, die manchmal kaum über das Almgelände hinausgehen, teils aber auch von hochalpinem Charakter sind.

Tourenplanung und Hinweise zum Buch Zum Zweck einer effektiven und erfolgreichen Durchführung einer Tour sollte man sich mit deren Möglichkeiten, Rahmenbedingungen und Erfordernissen schon im Vorfeld auseinandersetzen. Dafür sind im Buch kompakte Steckbriefe zusammengestellt. Darüber hinaus ist eine gute topografische Karte notwendig, auch wenn jemand meint, sich auf ausreichende Beschilderung und Markierung unterwegs verlassen zu können. Wegen ihrer soliden Geländedarstellung und des vorteilhaften Maßstabs (1:25 000) sei die Tabacco-Wanderkarte empfohlen, wobei fünf Blätter unsere gesamte Region abdecken. Das erforderliche Blatt ist jeweils aufgeführt. Wer offizielle Wanderwege nicht verlässt, kann auch auf die Karten aus den Verlagen Kompass, freytag & berndt und Tappeiner zurückgreifen.

Für Genießer ist die Obisellalm der rechte Platz.

Was die Einordnung in eine der drei Schwierigkeitsstufen betrifft, so handelt es sich ausschließlich um eine Klassifizierung im Rahmen dieser Auswahl und nicht um eine wie auch immer geartete absolute Bewertung. Ein Vergleich mit Touren anderer Titel (die oft der gleichen Farbdifferenzierung folgen) ist daher nicht sinnvoll und kann zu Fehleinschätzungen

Seilbahnen im Meraner Land

Schnalstaler Gletscherbahn: Kurzras – Grawand, Anfang Juli–Ende September, 9.00–16.30 Uhr

Naturns – Unterstell, Ende März–Mitte November, 8.00–19.00 Uhr, im Winter 17 Uhr

Texelbahn: Partschins – Giggelberg, März–November, 8.00–18.00 Uhr, Hauptsaison 19.00 Uhr, Do und So ab 7.00 Uhr

Rabland – Aschbach, ganzjährig, 8.00–18.30, April–September 19.00 Uhr

Mitterplars – Vellau – Leiteralm, Ostern–Allerheiligen, saisonal gestaffelt 8.00/9.00–17.00/18.15 Uhr

Dorf Tirol – Hochmuth, ganzjährig, 7.30–18.00 Uhr, Hauptsaison 19.00 Uhr

Lana – Vigiljoch, ganzjährig, saisonal gestaffelt 8.00/9.00–17.00 Uhr

Pawigl, Betrieb richtet sich nach den Busverbindungen und nach Bedarf

Kuppelwies – Schwemmalm, Mitte Juni–Mitte Oktober, 9.00–17.00 Uhr, So 18.00 Uhr

Burgstall – Vöran, ganzjährig, 7.00–19.40 Uhr, Wochenende 8.20–19.00 Uhr, Juni–August täglich bis 20.00 Uhr

Falzeben – Meran 2000, Mitte Mai–Anfang November, 9.00–17.00 Uhr, Hauptsaison 18.00 Uhr

Ifingerbahn – Meran 2000, Ende April–Anfang November, 9.00–17.00 Uhr, Hauptsaison 18.00 Uhr

Kirchsteiger Alm – Mittager, Mitte Juni–Anfang Oktober, 10.00–16.00 Uhr

Schenna – Taser, Ostern–Anfang November, 8.30–18.00 Uhr

Verdins – Oberkirn – Grube, Mitte Mai–Anfang November, 8.30–17.00 Uhr, Hauptsaison 18.00 Uhr

Hirzerbahn: Saltaus – Prenn – Klammeben, Mitte April–Anfang November, 8.30–17.30, Hauptsaison 18.30 Uhr

Pfelders – Grünboden, Mitte Juni–Ende September, 9.30–16.30 Uhr

führen. Geübte, ausdauernde Bergwanderer werden freilich bei guten Verhältnissen mit kaum einer Tour Probleme haben.

Die Angaben zu Gehzeit, Höhenunterschied und Weglänge sind wichtige Kenndaten, die Rückschluss auf die konditionellen Anforderungen einer Tour zulassen. Dabei ist der Punkt »Gehzeit« logischerweise nicht streng zu fassen, da Leistungsvermögen und übliches Schritttempo in der Praxis einfach zu unterschiedlich sind. Es wird sich hier an grundsätzlich berggewohnten Normalwanderern orientiert und jeweils ein reiner Wert ohne Pausen angegeben.

Unter dem Punkt »Anforderungen« wird gesagt, welchen Charakter die Wege besitzen und welche Voraussetzungen daraus für den Wanderer resultieren. Die Kindereignung kann nur sehr grob eingeschätzt werden, da dies in hohem Maße von Persönlichkeit und Alter abhängig ist. Hier müssen Eltern selbst verantwortungsbewusst beurteilen, was zumutbar und sinnvoll ist. Grundsätzlich würde ich aber viele Touren angesichts geringer Anforderungen bei gleichwohl interessanten Wegverläufen als familientauglich bezeichnen.

Eine weitere Planungshilfe ist die Angabe zur besten Jahreszeit, damit sich niemand total verschätzt und etwa schon im Mai zu den Spronser Seen aufbricht. Das schließt selbstverständlich nicht aus, dass auch in günsti-

Eine von fast 20 Aufstiegshilfen im Meraner Land: die Hirzerbahn

gen Zeiträumen witterungsbedingte Erschwernisse auftreten können (siehe Wetter und Gefahren). Generell besitzen Teile des Meraner Landes aufgrund ihrer klimatischen Vorzüge eine lange Wandersaison. Einzelne talnahe Routen können sogar ganzjährig begehbar sein, viele andere zwischen Frühsommer und Spätherbst. Je weiter man sich allerdings ins Hochgebirge hineinbegibt, desto mehr engt sich die Saison ein.

In diesem Zusammenhang sei auch auf die differenzierten Öffnungszeiten von Berghütten und Jausenstationen hingewiesen, die wir unterwegs ja gerne bewirtschaftet vorfinden. Das mag in der Hauptsaison überall der Fall sein, doch bereits im Oktober – wenn oft noch beste Wanderbedingungen herrschen! – sind vor allem hochalpine Schutzhäuser und viele Almen schon zugesperrt. Eine komplette Aufzählung aller infrage kommenden Einkehrmöglichkeiten würde den Platzrahmen dieses Buches sprengen und in ihren Inhalten leider auch schnell überholt sein. Die Tourismusvereine halten derartige Informationen stets aktuell vor. Wo bei unseren Touren eine Übernachtungsmöglichkeit besteht, wird dies aber explizit aufgeführt, zwecks Kontaktaufnahme auch mit der zugehörigen Telefon-

Schwierigkeitsbewertung

⬤ **Leicht:** Gut ausgebaute, nicht oder nur selten steil angelegte Tal- und Bergwanderwege, die von jedermann gefahrlos und ohne Schwierigkeiten begangen werden können. Das konditionelle Maß übersteigt 5 Std. Gehzeit oder rund 1000 Hm nicht.

⬤ **Mittel:** Bergwege, die im alpintechnischen Sinn ebenfalls als unschwierig gelten, aber streckenweise schmaler und steiler angelegt sind. Auch bei leichteren Touren über 5 Std. wird in diese Klasse eingestuft. Elementare Trittsicherheit und/oder Ausdauer sind erforderlich.

⬤ **Schwierig:** Anspruchsvolle Bergwege, die in exponiertes, alpines Gelände führen und absolute Trittsicherheit und Schwindelfreiheit sowie ausgereiftere Bergerfahrung notwendig machen.

nummer (bei Anruf aus dem Ausland: Vorwahl 0039 für Italien und die Null bei der Ortsvorwahl mitwählen).

Wetter und Gefahren Im Großen und Ganzen können die Touren dieses Buches als risikoarm angesehen werden, womit aber natürlich keine absolute Garantie für ein unfall- bzw. sorgenfreies Unterwegssein verbunden ist. Dies zu akzeptieren, gehört für jeden Bergfreund, egal wie anspruchsvoll er unterwegs ist, von vornherein dazu. In der Praxis kommt es darauf an, die potenziellen Gefahren zu kennen und ihnen durch kluges Verhalten und zweckmäßige Ausrüstung, manchmal auch einfach durch Verzicht, zu begegnen.

Eine sehr häufige Ursache für etwaige Probleme oder gar Notsituationen liegt in der Selbstüberschätzung begründet. Dies kann sich konditionell in Überanstrengung äußern oder auch die alpintechnischen Fähigkeiten betreffen, etwa in ausgesetztem Gelände, wo erhöhte Trittsicherheit und absolute Schwindelfreiheit verlangt werden. Daneben gelten für norma-

Tourismusbüros

Tourismusverband Meraner Land, Gampenstr. 95, 39012 Meran, Tel. 0473/20 04 43, www.meranerland.com

Tourismusverein Schnalstal, Karthaus 42, 39020 Schnals, Tel. 0473/67 91 48, www.schnalstal.com

Tourismusverein Naturns, Rathausstr. 1, 39025 Naturns, Tel. 0473/66 60 77, www.naturns.it

Tourismusverein Partschins – Rabland – Töll, Spaureggstr. 10, 39020 Partschins, Tel. 0473/96 71 57, www.partschins.com

Tourismusbüro Algund, Hans-Gamper-Platz 3, 39022 Algund, Tel. 0473/44 86 00, www.algund.com

Tourismusverein Dorf Tirol, Hauptstraße 31, 39019 Dorf Tirol, Tel. 0473/92 33 14, www.dorf-tirol.it

Kurverwaltung Meran, Freiheitsstraße 45, 39012 Meran, Tel. 0473/27 20 00, www.meraninfo.it

Tourismusverein Lana – Völlan – Vigiljoch, Andreas-Hofer-Str. 9/1, 39011 Lana, Tel. 0473/56 17 70, www.lana.net

Tourismusverein Ultental, St. Walburg 104, 39016 Ulten, Tel. 0473/79 53 87, www.ultental.it

Tourismusverein Deutschnonsberg, Dorf 2, 39040 Laurein, Tel. 0463/53 00 88, www.deutschnonsberg.it

Tourismusverein Tisens – Prissian, Bäcknhaus 54, 39010 Tisens, Tel. 0473/92 08 22, www.tisensprissian.com

Tourismusverein Hafling – Vöran – Meran 2000, St. Kathrein-Str. 2/b, 39010 Hafling, Tel. 0473/27 94 57, www.hafling.com

Tourismusverein Schenna, Erzherzog-Johann-Platz 1/d, 39017 Schenna, Tel. 0473/94 56 69, www.schenna.com

Tourismusverein Passeiertal, Passeirerstr. 40, 39015 St. Leonhard in Passeier, Tel. 0473/65 61 88, www.passeiertal.it

le Wanderer das Wetter sowie allgemein die Umstände der Witterung als größte Gefahrenherde. Auch wenn die Sonne rund um Meran tatsächlich oft von früh bis spät unser treuer Begleiter ist, kann es auch mal anders kommen. Gewitterneigung beispielsweise lässt sich im Sommer selten ganz wegdiskutieren, und wenn tagsüber die Cumuli mächtig in die Höhe wachsen, weiß jeder, dass Vorsicht am Platze ist. Ähnlich wie der Gewitterregen gehört auch der Bergnebel zu den Wettererscheinungen, die besondere Aufmerksamkeit erheischen – in diesem Fall, um nicht vom richtigen Weg abzukommen. Ein nasser Untergrund erhöht fast immer die Schwierigkeit einer Tour sowie die Gefahr auszurutschen, was ganz besonders für die Querungen harter Schneefelder gilt, die sogar bei sonst eigentlich harmlosen Wanderungen schon zu bösen Unfällen geführt haben.

Was ist also zu tun bzw. zu lassen? Die richtige Tour zum richtigen Zeitpunkt auszuwählen und diese dann gut vorzubereiten (wozu unbedingt auch das Einholen des aktuellen Wetterberichts gehört!) – das sind die wichtigsten Kriterien im Vorfeld. Ein früher Aufbruch verschafft uns vor allem bei längeren Wanderungen wichtige Zeitreserven. Unterwegs geht man konzentriert und beobachtet kritisch jedwede Veränderung des Wetters. Gegebenenfalls muss eben auch die Bereitschaft zur rechtzeitigen Umkehr mitgebracht werden, was leider oft schwerer ist, als es sich hier liest. Genauso wichtig ist freilich, in eingetretener Stresssituation (etwa wenn uns das aufkommende Gewitter doch schon vor der nächsten Schutzhütte einzuholen droht) nicht kopflos zu werden und stets mit Umsicht zu agieren. Und nicht zuletzt lässt sich mit dem allmählichen Sammeln von Bergerfahrung das Zutrauen in die eigenen Fähigkeiten stärken und die Gegebenheiten am Berg realistisch einschätzen.

Am Weg zur Lodnerhütte wird ein beachtlicher Höhenunterschied überwunden.

Genuss auf Schritt und Tritt

25

Um den Vernagtsee

Über die Höfe am Schnalser Sonnenhang

leicht   2.30 Std.   300 Hm   8 km

Besonderer Genuss: Kultur am Wegrand

Talort
Vernagt (1698 m) im Schnalstal

Ausgangspunkt
Parkplatz bei der Staumauer des Vernagt-Stausees; Bushalt

Gehzeiten
Vernagt – Finailhöfe 1 Std. – Marcheggtal 0.30 Std. – Vernagt 1 Std.; insgesamt 2.30 Std.

Aufstieg/Abstieg
Etwa 300 Hm

Anforderungen
Meist leichte Bergwege, kleinere Abschnitte auch auf Höfestraßen. Am Hangweg auf kurzem Stück etwas Trittsicherheit vorteilhaft. Gemütliches Halbtagesprogramm.

Beste Jahreszeit
Mai bis Oktober oder November

Einkehr
Tisenhof; Raffeinhof; Finailhof

Karte
Tabacco, 1:25 000, Blatt 04 »Schnalstal – Naturns«

Das Schnalstal beherbergt einige der höchsten Bergbauernanwesen Südtirols, die früher – als der Getreideanbau noch verbreiteter war – sogar zu den alpenweit höchsten Kornhöfen zählten. Mittlerweile blicken Tisen-, Raffein- und Finailhof von ihrer sonnenverwöhnten Berglehne auf den künstlich aufgestauten Vernagtsee hinab, der sich durchaus harmonisch ins Landschaftsbild einfügt und einen beliebten Anziehungspunkt im inneren Schnalstal bildet.

Das alte Vernagt   Als nach dem Zweiten Weltkrieg mit steigendem industriellem Energiehunger die Alpen als günstiger Lieferant der »Weißen Kohle« entdeckt wurden, stand auch im Schnalstal der Bau eines Stausees an. Dafür musste die Ortschaft Vernagt weichen. Diese Problematik darf sicher nicht übersehen werden, wenn wir uns heute an dem großen, blauen Seespiegel erfreuen, der zumindest bei Vollstau mit der Hintergrundkulisse der Schnalser Berge ein reizvolles Bild abgibt.
Trotz ihrer Kürze bietet unsere Wanderung jede Menge Abwechslung. Dies insbesondere, weil wir vom offiziellen Seerundweg am Nordufer (parallel zur Straße) abweichen und stattdessen die höhere Route über die erwähnten Höfe bevorzugen, dabei offene Hangtraversen und Passagen durch typische Lärchenwälder im Wechsel erleben und das Seeufer erst auf dem Rückweg begleiten.

Kurzweilige Rundtour   Zuerst wandern wir von **Ⓐ Vernagt** auf einer Asphaltstraße zum stolzen **❶ Tisenhof** (1814 m) – wo ein viel begangener Weg zur 3000 Meter hoch gelegenen Similaunhütte abzweigt – und weiter über den Leiterbach zum **❷ Raffeinhof** (1866 m). Hier schlägt man den kleineren Steig Nr. 7 ein und beginnt damit eine hangparallele Querung Richtung Westen. Oft geht es durch offene Trockenhangvegetation dahin, vorübergehend auch durch Waldareale. Eine etwas abschüssigere Passage ist zwischendurch mit Stufen und Geländerseil hergerichtet.

Über eine Wiese treffen wir bei den ❸ **Finailhöfen** (1952 m) am Auslauf des gleichnamigen Hochtals ein. Dahinter im Bogen auf die Höfezufahrt, bei einem Wegweiser aber wieder davon abweichend und mit Nr. 8 durch den Wald ins ❹ **Marcheggtal**

Schnalser Berghöfe

Ungerührt wie eh und je stehen die von der Sonne fast schwarz gebeizten Berghöfe am Südhang, wo sich Bauern schon vor Jahr und Tag einrichteten, um der Scholle einen bescheidenen Lebensunterhalt abzuringen. Mit den Touristen kam immerhin eine neue Einnahmequelle hinzu, denn diese mögen urige Jausenstationen ganz besonders …

hinunter. Hier müssen wir circa zwei Minuten die Schnalser Hauptstraße taleinwärts benutzen, bis uns die Markierung links hinablotst. Man kommt zu einer weiteren Gabelung und stößt damit auf den eigentlichen Seerundweg. Zum Südufer biegen wir scharf rechts ab, gehen kurz eine Holzstiege hinauf und passieren dahinter eine spektakuläre Hängebrücke, die den reißenden Schnalserbach kurz vor der Mündung in den Vernagt-Stausee überspannt. Überwiegend in unmittelbarer Ufernähe wandern wir auf einem naturbelassenen Weg nach Osten bis zur Staumauer, über die sich der Kreis letztlich schließt.

Die Tisenhöfe am Schnalser Sonnenhang

Im Hintern Eis

Leichter Dreitausender am Alpenhauptkamm

schwierig 6.15 Std. 1260 Hm 12 km

. . . .

Besonderer Genuss: Aussicht

Talort
Kurzras (2011 m), Hotelsied-
lung am Ende der Schnalstaler
Straße

Ausgangspunkt
Großparkplätze in Kurzras, End-
haltestelle der Buslinie

Gehzeiten
Kurzras – Schöne Aussicht
2.30 Std. – Im Hintern Eis
1.15 Std. – Schöne Aussicht
0.45 Std. – Kurzras 1.45 Std.;
insgesamt 6.15 Std.

Aufstieg/Abstieg
Bis Hütte 830 Hm, bis Gipfel
1260 Hm

Anforderungen
Gut ausgebauter Saumweg zur
Hütte, für jeden Bergwanderer
problemlos. Zum Gipfel alpiner
Steig in Blockschutt- und Glet-
scherschliffterrain, jahreszeit-
lich bedingt auch Schneefelder
möglich. Trittsicherheit und
Ausdauer sowie etwas Akklima-
tisierung erforderlich.

Beste Jahreszeit
Juli bis September, wenn weitgehend schneefrei

Hütten/Einkehr
Schöne-Aussicht-Hütte
(Übernachtung möglich, Tel.
0473/66 21 40)

Karte
Tabacco, 1:25 000, Blatt 04
»Schnalstal – Naturns«

Die Gipfelflur des Alpenhauptkamms mag nicht gerade das alltägliche Tummelfeld für die Genuss-wanderer sein. Immerhin bildet die 3000-Me-ter-Marke physisch wie mental eine ernst zu neh-mende Hürde. Nichtsdestotrotz lässt sich selbst in dieser Höhenstufe das eine oder andere realisti-sche Ziel ausfindig machen, etwa die Graterhebung mit dem ungewöhnlichen Namen »Im Hintern Eis«, wo es uns fast die Sprache verschlägt ...

Geschichten des »Aufschwungs« Im Schnalstal ist die tou-ristische Entwicklung untrennbar mit dem Namen Gurschler verknüpft. Bereits Ende des 19. Jahrhunderts erkannte der Kurzhofbauer Serafin Gurschler die Zeichen der Zeit, sprich des aufkeimenden Bergtourismus, und errichtete an den bei-den wichtigen hochalpinen Übergängen, die das Schnalstal mit dem Ötztal verbinden, zwei wertvolle Schutzhütten: die »Schö-ne Aussicht« am Hochjoch und die Similaunhütte am (höhe-ren!) Niederjoch. Bis heute stellen sich diese Herbergen in den Dienst der Bergsteiger. In größeren Dimensionen dachte spä-ter Serafins Urenkel Leo Gurschler. Auf seine Initiative entstand im Zeichen des

Prachtexemplar Hintereisferner

. . . .

Unser Gipfel erscheint gleichsam wie ein »Gornergrat der Ötztaler Alpen«: Ausgehend von der majestätischen Weißkugel wälzt sich der zerfurchte Hintereisferner über sieben Kilometer durch seinen Trog. Was für eine ark-tisch anmutende Glitzerwelt! Gegenüber zieht der weithin gletscherummantelte Weißkamm einen großen Bogen bis zur Wildspitze. Und das Schlagwort »Schöne Aussicht« bekommt dadurch noch eine ganz andere Dimension ...

»Fortschritts« – oder was manche dafür halten – die Schnalstaler Gletscherbahn, worauf Kurzras vom abgeschiedenen Bauernnest zum modernen Rummelplatz mutierte. 1983 schied Leo Gurschler, der in seinen Heimatbergen buchstäblich so viel in Bewegung gesetzt hatte, freiwillig aus dem Leben, als er den nach Fehlspekulationen aufgetürmten Schuldenberg nicht mehr zu bewältigen glaubte.

Im Schnalser Talschluss In **Ⓐ Kurzras**, das sich heute als Hotelmonstrum mit wenig anheimelnden Zweckbauten präsentiert, verlieren wir keine Zeit, lassen die Seilbahn unbeachtet und streben auf Weg Nr. 3 bergwärts. Im Geländetrichter des Oberbergs lautet die Grundrichtung Nord. Die Landschaft ist typisch für die unmittelbare Südabdachung des Alpenhauptkamms. Man passiert die Verflachung bei Stueteben und eine halbe Stunde später den Abzweig zur Weißkugel. In diesem Bereich schwenkt der mit Steinplatten bestens gefügte Weg nach Osten und gewinnt die Anhöhe mit dem ❶ **Schutzhaus Schöne Aussicht** (2842 m). Der Name ist hier durchaus Programm, sieht man einmal über die Wunden, die das nahe Gletscherskigebiet aufgerissen hat, hinweg.

Gipfelblick auf die vergletscherte Welt des Ötztaler Hauptkamms

Doch ahnt man kaum, welche Überraschung eine Gehstunde höher noch wartet. Über den breiten Geländerücken der **Jochköfel** lassen wir die Dreitausenderlinie unter uns, schreiten über Schutt, Schrofen und rund geschliffenen Fels weiter fort. Nebenan ist der kleine Latschferner im Auflösen begriffen. Und dann der Clou: Wir steigen rechts haltend zur Grathöhe ❷ **»Im Hintern Eis«** (3269 m) hinauf und erreichen damit eine ganz neue Sphäre, ein Panorama der Extraklasse!

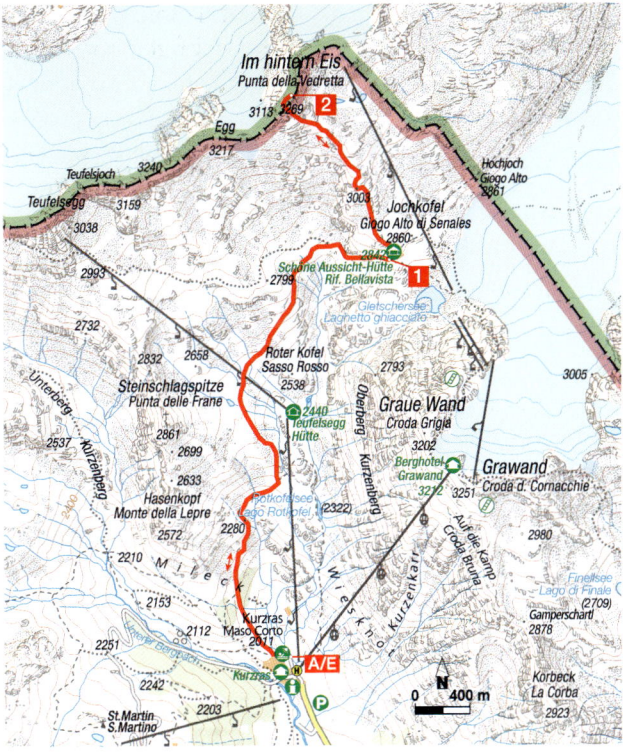

Karthaus–Kreuzspitze

Eine Schnalser Aussichtsloge par excellence

mittel 5.45 Std. 1250 Hm 9 km

Besonderer Genuss:
Kultur am Wegrand

Talort
Karthaus (1327 m) im Schnalstal

Ausgangspunkt
Parkplätze und Bushaltestelle im Ort

Gehzeiten
Karthaus – Klosteralpe
2.20 Std. – Kreuzspitze
1.10 Std. – Klosteralpe
0.45 Std. – Karthaus 1.30 Std.;
insgesamt 5.45 Std.

Aufstieg/Abstieg
Ab Karthaus 1250 Hm

Anforderungen
Bezeichneter Steig bis zum Gipfel, bei der Überschreitung recht dürftig markiert. Phasenweise ziemlich steile Route (schon durch den Bergwald); im Gipfelbereich Trittsicherheit erforderlich. Ordentliches Tagespensum.

Beste Jahreszeit
Ab Juni bis zum Einschneien im Herbst

Einkehr
Klosteralpe

Karte
Tabacco, 1:25 000, Blatt 04 »Schnalstal – Naturns«

Ein lichtdurchfluteter Spätherbsttag, kalt und klar die Luft, goldgelb der Lärchenwald und von Neuschnee überzuckert die hohen Berge, dazu die passende Stille und Einsamkeit, um stilvoll Abschied nehmen zu können von einem Wanderjahr in Südtirol – das ist meine ganz persönliche Erinnerung an die Kreuzspitze. Schon wegen seiner grandiosen Aussicht lohnt dieser Berg den nicht ganz mühelosen Aufstieg aus dem Schnalstal.

Was für eine Schau! Dabei handelt es sich eigentlich nur um einen Gratausläufer der mächtigen, weit ausladenden Trumser

Spitze, die im Süden noch deutlich höher aufragt. Die gegen das Schnalstal abgerückte Position der Kreuzspitze eröffnet freilich einen perfekten Blick auf den Hauptkamm der Ötztaler Alpen, wo zwischen Weißkugel und Hochwilde die Schaustücke regelrecht Parade stehen, unter ihnen auch der berühmte Similaun. Durch das Pfossental getrennt, schließt sich rechts die Texelgruppe an, während diametral gegenüber die Berge des Saldurkamms ein touristisches Mauerblümchendasein fristen und sich damit eine seltene Stille bewahrt haben.

Über die Klosteralpe Direkt in Ⓐ **Karthaus** brechen wir zu unserer Tour auf und wählen vom Parkplatz bei der alten Klosteranlage, die auch besichtigt werden kann, den Steig Nr. 23, der bereits im Bergwald kräftig anzieht. Ein paarmal wird eine Forststraße gekreuzt, ehe nach rund zwei Stunden die urwüchsigen Lärchen immer lichter stehen und wir schließlich auf das freie Gelände der ❶ **Klosteralpe** (2152 m) hinaustreten. Jetzt liegt der Schnalser Kamm in voller Pracht vis-à-vis.

Knapp oberhalb der im traditionellen Holzbaustil neu errichteten Almhütte folgen wir der Markierung 23a nach rechts (links wird der Saxalbsee ausgewiesen) und stehen bald darauf nochmals vor einer Gabelung. Jetzt am kürzesten wiederum nach rechts und diagonal durch die ostseitigen Hänge, zuletzt über leichte Schrofen, zum großen, unübersehbaren Kreuz (P. 2484) hinauf. Zum eigentlichen Gipfel – gekrönt von einem Steinmann – sind es weitere 15 Minuten am breiten, blockdurchsetzten Gratkamm.

Diese geringe Zusatzmühe nimmt ohnehin auf sich, wer die ❷ **Kreuzspitze** (2576 m) auf einer Wegvariante (Nr. 23b) überschreiten möchte. Man hält sich zuerst noch etwas weiter an den Kamm und verlässt diesen bei einer kleinen Zwischenerhebung nach links (Markierung spärlich, aber bald wieder deutliche Trittspur). Nach einer Traverse durch abschüssig-sandige Flanken wird ein weiter Linksbogen hinab ins Kar geschlagen, wo man etwas tiefer auf den Hinweg stößt.

Gigantisch sind die Ausblicke zu den herbstlich angezuckerten Dreitausendern des Ötztaler Hauptkamms (links der Similaun).

Kloster Allerengelberg

Das stattliche Mauergeviert, das den Ort Karthaus dominiert, gilt quasi als Keimzelle des Schnalstals. 1326 wurde hier von Kartäusermönchen das Kloster Allerengelberg gegründet. Es bestand bis zu seiner Aufhebung im Jahr 1782. Leider wurden die historischen Anlagen 1924 bei einem Brand größtenteils zerstört, doch kümmerte man sich um eine Restaurierung, sodass noch heute ein guter Eindruck davon vermittelt wird, welch bedeutendes geistliches Erbe diesem Platz innewohnt.

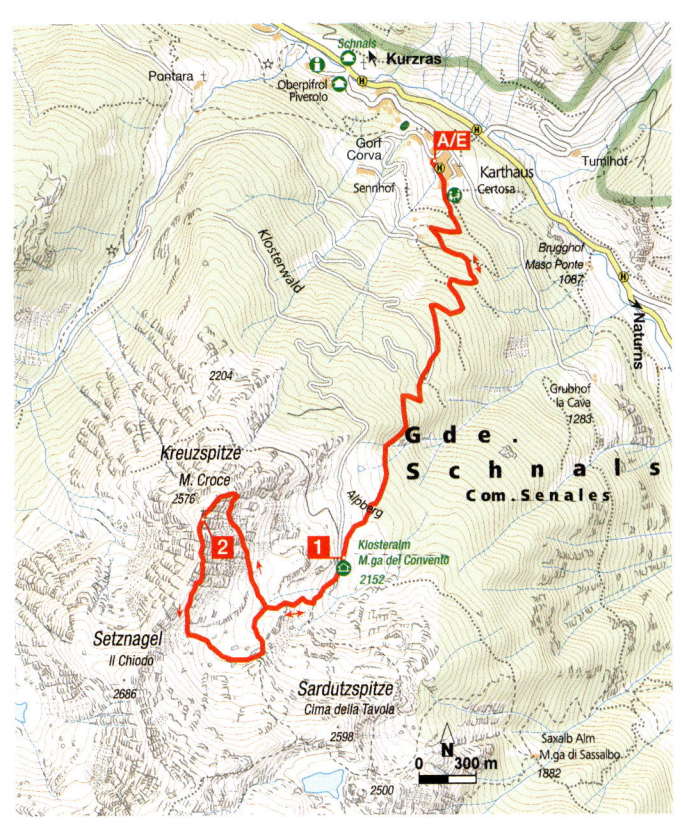

Mair- und Dickeralm

Auf halber Höhe über dem Schnalstal

leicht   4 Std.   750 Hm   10 km

Besonderer Genuss: Einkehr

Talort
Katharinaberg (1245 m), auf einer Hangschulter über dem Schnalstal

Ausgangspunkt
Unterperfl (1417 m), Zufahrt über eine Höfestraße von Katharinaberg (Bus nur bis dort)

Gehzeiten
Unterperfl – Mairalm 2 Std. – Dickeralm 0.20 Std. – Dickerhof 0.40 Std. – Unterperfl 1 Std.; insgesamt 4 Std. (ab Katharinaberg ca. 1 Std. länger)

Aufstieg/Abstieg
Knapp 750 Hm ab Unterperfl

Anforderungen
Ordentliche Bergwege, die bis zur Waldgrenze führen, nur kurze Stücke auch auf Straßen. Die Aufstiegsroute ist steiler, etwas Trittsicherheit schadet nicht.

Beste Jahreszeit
Juni bis Oktober

Einkehr
Mairalm; Dickeralm; Dickhof; Kopfron

Karte
Tabacco, 1:25 000, Blatt 04 »Schnalstal – Naturns«

Über dem vorderen Schnalstal lassen sich eine Reihe reizvoll gelegener Höfe und Almen prima zu einer überschaubaren Rundtour verbinden. Sie bleibt zwar noch weit unterhalb der hohen Gipfel der Texelgruppe, verströmt aber schon ein uriges Bergflair und erlaubt einmal mehr Einblicke in das Leben und Schaffen der Bergbauern.

Von den Höfen zu den Hochalmen Unsere Tour kann auch als »Seitensprung« vom Meraner Höhenweg verstanden werden. Dieser verbindet ja gerade am südwestlichen Abfall der Texelgruppe Berghöfe in dichter Folge miteinander. Eine Etage höher, im stets besonders malerischen Bereich der Waldgrenze, liegen die Sommerweiden mit ihren entsprechenden »Stützpunkten«.
Wer direkt in **Ⓐ Katharinaberg** startet, nimmt den mit Nr. 10 bezeichneten Weg unterhalb der Straße Richtung **❶ Unterperfl**.

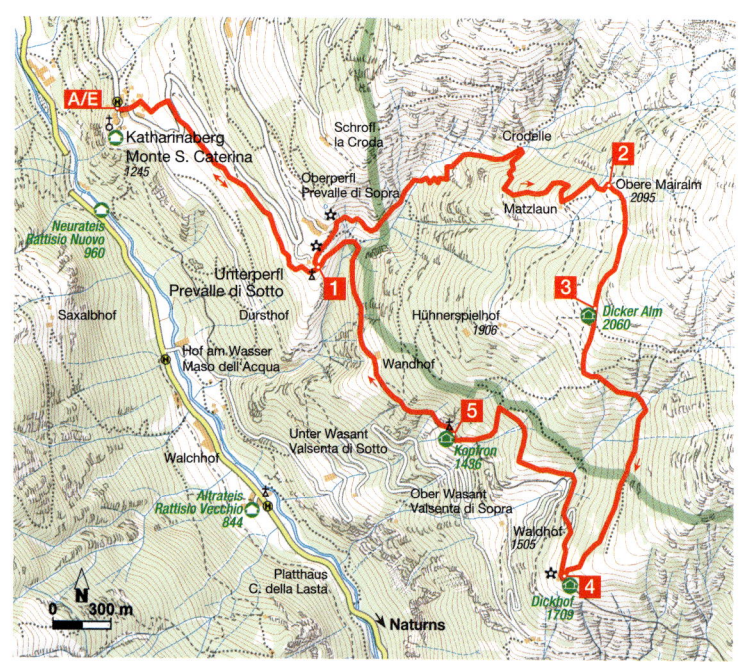

Dort folgt man dann nicht dem viel begangenen Meraner Höhenweg, sondern wendet sich oberhalb gegen den mächtigen Trichter eines Hochtals. Unser Steig schmiegt sich linksseitig an die Steilflanken der Runse und nähert sich im sanfteren Bereich dem Bach, um diesen schließlich auch zu kreuzen. Auf der anderen Seite steigt man in Kehren höher, lässt die Verbindung zum Schroflhof links abziehen und wendet sich dann vom Bach nach rechts ab. In typischem Schnalser Lärchenwald folgen weitere Kehren bis zur Unteren Mairalm und in freierem Gelände das letzte Stück zur rustikalen, ziemlich verschachtelt gebauten ❷ Oberen Mairalm (2095 m). Diese markiert gleichzeitig den höchsten Punkt der Wanderung.

Womöglich besteht hier keine Einkehrmöglichkeit mehr – es bieten sich aber noch drei Gelegenheiten. Jedenfalls ist die ❸ Dickeralm (2060 m) in südlicher Richtung aber mit nur wenig Höhenverlust rasch erreicht. Von dort gibt sich das Gefälle über Waldwiesen wieder deutlicher. Im Abwärtsbogen geht es durch einen Hang zum herrlich gelegenen ❹ Dickhof (1709 m). Dessen Zufahrt nutzen wir nur kurz, queren oberhalb des Waldhofs eine Hangmulde sowie um einen Rücken herum und gelangen in unmittelbare Nähe von ❺ Kopfron (1436 m), wo ebenfalls

Südtiroler Lebensart

Viele Wanderer schätzen es ungemein, dass man in der Dickeralm gebührend einkehren kann – als zentrales Element einer genussvollen Bergwanderung sozusagen. Fürwahr, was kann es Schöneres geben als eine deftige Marende auf dem Holztisch, das Funkeln des Sonnenlichts im Weinglas und der Blick auf eine erhabene Bergwelt. Hier sind es vor allem die Gipfel des Saldurkammes jenseits des Schnalstals …

eingekehrt werden kann. Auf der Trasse des Meraner Höhenwegs – zuletzt mit einer Gegensteigung nach ❶ Unterperfl – schließt sich die nette Runde über dem vorderen Schnalstal.

Der Dickhof – eine Panoramaloge über dem Vinschgau

Links: Im Frühsommer zeigen sich die Berge des Alpenhauptkammes noch tief verschneit.

Juval-Runde

Die Messner-Burg und ihr Hinterland

mittel	4 Std.	550 Hm	11 km

Besonderer Genuss: Kultur am Wegrand

Talort
Naturns (529 m) im Vinschgau

Ausgangspunkt
Parkplatz »Juval« an der Vinschger Straße nahe dem Abzweig ins Schnalstal. Von dort verkehrt ein Shuttle-Bus über eine steile, nicht öffentliche Bergstraße bis zum Schlosswirt (ca. 850 m) knapp unterhalb der Burganlage.

Gehzeiten
Schlosswirt – Ober Juval 1.15 Std. – Einstieg Schnalswaal 1.30 Std. – Parkplatz 1.15 Std.; insgesamt 4 Std.

Aufstieg/Abstieg
Etwa 550 Hm Aufstieg, 850 Hm Abstieg

Anforderungen
Bis Ober Juval vorwiegend Höfestraße. Abstieg Richtung Tschars auf kleinem Pfad in steilen Südhanglagen; etwas Trittsicherheit nötig. Am Schnalswaal wieder leichte, annähernd horizontale Trasse und zuletzt nochmals steilerer Abstieg.

Beste Jahreszeit
Frühjahr bis Spätherbst

Einkehr
Schlosswirt; Sonnenhof

Karte
Tabacco, 1:25 000, Blatt 04 »Schnalstal – Naturns«

Schloss Juval, das hoch über dem Eingang ins Schnalstal thront, zählt zu den bekanntesten Burganlagen Südtirols. Und dies wohl nicht zuletzt, weil dort die Bergsteiger-Legende Reinhold Messner residiert und zudem eines seiner fünf Bergmuseen eingerichtet hat. Auf der Wanderung über die Juvalhöfe lässt man den touristischen Trubel aber rasch hinter bzw. unter sich.

Stippvisite beim Extrembergsteiger Nachweisbar ist Schloss Juval, wie die meisten Burgen Südtirols, seit dem Mittelalter. Es gibt aber auch Hinweise auf eine frühere Anlage, was angesichts der exponierten Position über dem Tal der Etsch nicht verwundern würde. Heute zählt das restaurierte Schloss Juval zweifelsohne zu den touristischen Aushängeschildern der Region. Mithilfe eines Pendelbusses lässt sich der größte Teil der 400 Meter Höhendifferenz zur Talsohle bequem überwinden, sodass für die meist zahlreichen Interessenten bloß noch ein kurzer Spaziergang bis zur Besichtigung verbleibt.

Am Vinschger Sonnenberg So spannend und lehrreich das kulturelle Erbe aus den Bergen der Welt auch sein mag – den Leser dieses Büchleins dürstet es vermutlich auch nach einer Portion Natur, immer wieder neu zu entdecken im Rahmen einer schönen Wanderung. Diese können wir nach dem Schlossbesuch unmittelbar anhängen, indem wir uns über die Juvalhöfe bergwärts begeben und später auf einem kleinen verschwiegenen Pfad wieder hinab. Zuletzt kommen wir dann auch noch in den Genuss des Schnalswaales, der in archetypischer Manier altgedienter Bewässerungsadern nahezu horizontal die trockenen Flanken des Sonnenberges durchzieht.
Man startet also am **A Umkehrpunkt des Pendelbusses**, erreicht binnen einer Viertelstunde **1 Schloss Juval** und kann von dort weiter der Straße nach Unter Juval (933 m), Mittel Juval (1057 m, etwas abseits) und schließlich **2 Ober Juval** (1316 m) folgen. Meist müssen die Kehren des Straßenbandes ausgegangen werden. Knapp oberhalb des höchsten Hofes biegen wir

Schloss Juval thront auf einem Felsen.

anhand Markierung Nr. 1A links ab (Hinweis »Tschars«) und landen damit auf einem schmalen, urwüchsigen Pfad. Teils querend, teils absteigend führt dieser nach ❸ **Ober Schonegg** (1044 m). Mit der Erschließungsstraße verlieren wir weitere 300 Höhenmeter, bevor man ostwärts in den ❹ **Schnalswaalweg** einfädelt. Geringfügige Gegensteigungen fallen auf dem ansonsten gemütlichen Weg durch mal mehr, mal weniger dichtes Gehölz an. Bei der Jausenstation ❺ **Sonnenhof** (830 m) können wir uns schließlich entscheiden, ob wir wieder zur Bushaltestelle zurückkehren oder einen tieferen Pfad einschlagen, der weiter unten auf die Straße stößt und damit gleich Richtung ❸ **Tal** leitet.

Messner-Mountain-Museum

In seinem Museum auf Schloss Juval stellt Reinhold Messner speziell die heiligen Berge der Welt vor und präsentiert interessante Tibetika-Exponate. Die anderen vier Standorte des Museumsnetzwerkes mit jeweils abgegrenzten Themenbereichen befinden sich übrigens auf Schloss Sigmundskron bei Bozen, am Gipfel des Monte Rite in den südlichen Dolomiten, in Sulden am Ortler sowie auf Schloss Bruneck.

6 Ohrnknott

Südbalkon der Zielspitze

mittel   4–5 Std.   750 Hm   6–8 km

Besonderer Genuss: Ruhe und Natur

Talort
Partschins (618 m) im Vinschgau

Ausgangspunkt
Bergstation der neuen Texelbahn (ca. 1535 m) von Partschins/Rabland nach Giggelberg (Bushaltestelle bei der Talstation)

Gehzeiten
Giggelberg – Ohrnknott 2 Std. – Hochforch 1.15 Std. – Giggelberg 0.45 Std.; insgesamt 4 Std., bei Talabstieg von Hochforch 5 Std.

Aufstieg/Abstieg
Ab Giggelberg gut 700 Hm, beim Rückweg minimale Gegensteigungen oder alternativ 1630 Hm Gesamtabstieg

Anforderungen
Auf beiden Routen häufig schmale Bergwege, aber ohne schwierige Stellen und ausreichend markiert. Mit Seilbahnhilfe nicht besonders lang.

Beste Jahreszeit
Juni bis Spätherbst, solange schneefrei

Hütten/Einkehr
Giggelberg (Übernachtung möglich, Tel. 335/675 47 10); Hochforch; Gruberhof

Karte
Tabacco, 1:25 000, Blatt 011 »Meran und Umgebung«

Fast 2500 Höhenmeter beträgt die Differenz zwischen den Talorten im Untervinschgau und der Zielspitze. Auf zwei Dritteln Höhe bildet der Ohrnknott einen markanten Absatz im Südostgrat dieses Riesen – ein prima Wanderziel für alle, die sich gern von Panoramen begeistern lassen. Und die sind im Vinschgau wirklich von beachtlicher Dimension!

Wandertipp für Kurzentschlossene   Seit April 2009 hievt uns die neue Texelbahn in null Komma nichts auf die Etage des Meraner Höhenwegs und bringt damit selbst größere Gipfel wie die Zielspitze in Reichweite einer Tagestour. Da dieser Dreitausender freilich in jedem Fall gestandenen Bergsteigern vorbehalten bleibt, avanciert die topografisch wenig bedeutende,

gleichwohl sehr aussichtsreiche Felskanzel des Ohrnknotts zu einem Anlaufpunkt, dem künftig womöglich vermehrt Aufmerksamkeit geschenkt wird. Zu Recht! Um hoch von der Südlehne der Texelgruppe die Augen schweifen zu lassen, ist der Platz schlichtweg ideal. Und mit dem Abstieg via Hochforch, einem der ältesten Höfe weit und breit, lässt sich sogar eine interessante Runde gestalten.

Aufstieg von Giggelberg   Von der **Ⓐ Bergstation der Texelbahn** sind wir mit wenigen Schritten beim **❶ Giggelberghof** (1565 m) und wenden uns hier über Wiesen schräg aufwärts. An einem Speicherteich vorbei taucht man in den Wald ein, wo sich der Steig allmählich dem breiten Graben des **Schindeltals** nähert. Aspiranten auf die Zielspitze müssten sich jetzt noch auf über 1000 beschwerliche Höhenmeter durch ebendieses Hängetal einstellen, während es zum Ohrnknott wesentlich gemütlicher ist. Wir gehen die große Runse aus und steigen im noch schütter bewaldeten Gelände zum **Samesegg** (2003 m) an. Hier rechts hoch und geschickt zwischen steileren Felspartien hindurchlavierend zum Sattel im Rücken des **❷ Ohrnknotts** (2258 m), dessen Plateau in Kürze erreicht ist. Voller Spannung treten wir vor zum Wetterkreuz an der Kante, die südseitig steil abbricht.

Links: Am Ohrnknott wird ein Panorama der Extraklasse in Szene gesetzt.

Nicht selten treffen wir bei unseren Wanderungen auf kunstvolle Bildstöcke am Wegesrand.

Über Hochforch zurück   Zunächst wieder gut 100 Höhenmeter auf der Ostseite hinab, bis man rechts abbiegen kann und mit einer ausgeprägten Schleife zu den Ställen der **Ohrnalm** (1947 m) gelangt. Rechts hinunter leitet ein angenehmer Wiesenpfad zu einem Hüttchen mit schönem Vinschgau-Blick, ehe uns typische Trockenrasen und lichte Waldbestände bis nach ❸ **Hoch-**

forch (1555 m) begleiten. Hier bekommt man eine Ahnung, was das »Leben am Steilhang« bedeutet. Normalerweise wird man jetzt auf der Trasse des Meraner Höhenwegs (Nr. 24) weitgehend eben zuerst ein Stück mit der Hofzufahrt, danach über einen gut ausgebauten Wanderweg – die Schindelbachrunse zurückkreuzend – hinüber nach ❶ **Giggelberg** und zur Texelbahn laufen.

Es besteht aber auch die Möglichkeit für einen Talabstieg, der etwa eine Stunde mehr in Anspruch nimmt und uns quasi den Sockelbereich des Bergkörpers präsentiert. Man schneidet die Serpentinen der Asphaltstraße ab und gelangt an den Platterhöfen vorbei zur Jausenstation **Gruberhof** (1121 m). Nun ein Stück auf dem Sonnenberger Höhenweg, bis talwärts eine Route nach Rabland ausgewiesen wird.

Vinschgauer Sonnenberg

Aufgrund der zentralalpinen Lage und vor allem durch die Abschirmungseffekte der umgebenden Gebirgsmassen (Ötztaler Alpen und Ortlergruppe) mit ihren hohen Dreitausendern herrschen im Vinschgau besondere klimatische Bedingungen. Geografen sprechen von einem inneralpinen Trockental. An den sonnenscheinreichen Südflanken hat sich eine ganz spezielle, steppenartige Vegetation etabliert, die auf den häufig recht kahl wirkenden Leiten erstaunlich artenreich ist und im Alpenraum nur wenig Vergleichbares kennt (etwa im Walliser Rhonetal). Aufgeforstet wurde am Vinschgauer Sonnenberg meist mit widerstandsfähigen Schwarzföhren.

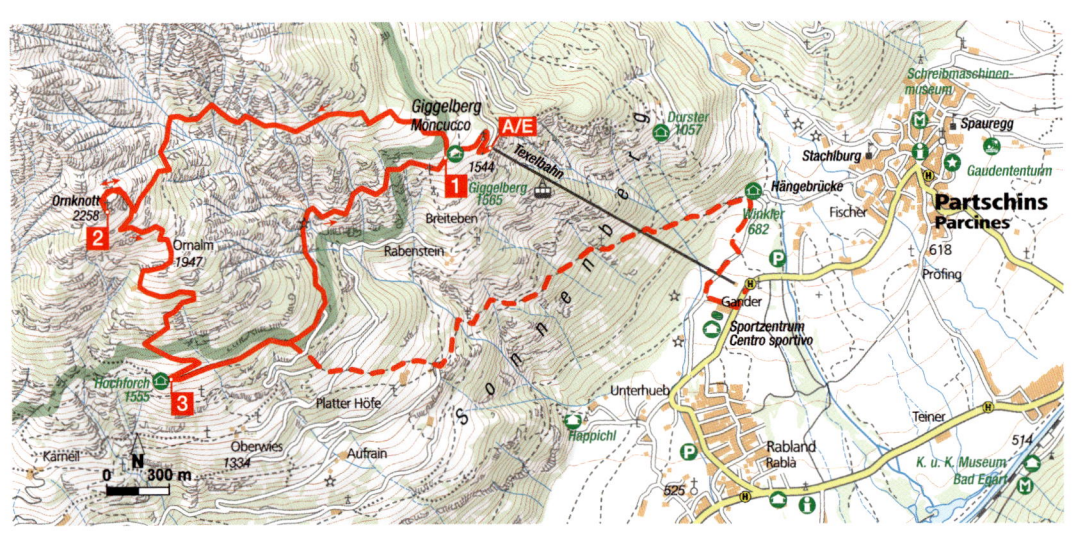

Lodnerhütte

Ins Bergsteigerzentrum der Texelgruppe

Wer die als »alpine Schatzkammer Merans« gepriesene Texelgruppe kennt, kann nur davon schwärmen. Sie vereint in ihrer vertikalen Gliederung außergewöhnlich vielfältige Landschaftselemente und empfiehlt sich als Dorado für Wanderer jeder Couleur. Ein besonders attraktiver Winkel ist das Zieltal, das von Partschins aus über mehrere Steilstufen in den Westteil der Gruppe hineinzieht und dort von den höchsten Gipfeln umrahmt wird.

Ein Tourenstützpunkt mit Tradition Im oberen Zieltal besitzt die Lodnerhütte einen vorzüglichen Platz, können von hier aus doch praktisch sämtliche Dreitausender der Texelgruppe vorteilhaft angegangen werden. Die Krone gebührt dem Roteck, während die benachbarte Texelspitze – als Namenspatron nur 19 Meter niedriger – ohne präparierte Route viel seltener bestiegen wird. Tschigat und Zielspitze postieren sich in vorderster Front über dem Vinschgau und dürfen als Charakterberge der Region gelten. Die auffälligsten Formen und Farben treten indessen an den Marmorgipfeln Lodner und Hohe Weiße in Erscheinung: eine ganz besondere Laune der Erdgeschichte.

mittel   6.30 Std.   1350 Hm   13 km

Besonderer Genuss: Einkehr

Talort
Partschins (618 m) im Vinschgau

Ausgangspunkt
Gasthaus Birkenwald (950 m), erreichbar auf einer Bergstraße von Partschins; per Wanderbus sogar bis zum Gasthaus Wasserfall (1073 m)

Gehzeiten
Birkenwald – Schutzhütte Nasereit 1.30 Std. – Lodnerhütte 2.30 Std., Rückweg 2.30 Std.; insgesamt 6.30 Std.

Aufstieg/Abstieg
Ab Birkenwald ca. 1350 Hm, ab Gasthaus Wasserfall 1200 Hm

Anforderungen
Langer Anstieg in alpinem Gelände, allerdings auf durchgängig gut ausgebautem Weg (streckenweise grobe Pflasterung). Wichtig ist solide Ausdauer.

Beste Jahreszeit
Ende Juni bis Ende September (Öffnungszeiten der Lodnerhütte)

Hütten/Einkehr
Lodnerhütte (Übernachtung möglich, Tel. 0473/96 73 67); Zielalm; Schutzhütte Nasereit (Übernachtung möglich, Tel. 0473/96 82 22); Gasthäuser Wasserfall und Birkenwald;

Karte
Tabacco, 1:25 000, Blatt 011 »Meran und Umgebung«

Der Weg durchs Zieltal ist landschaftlich großartig.

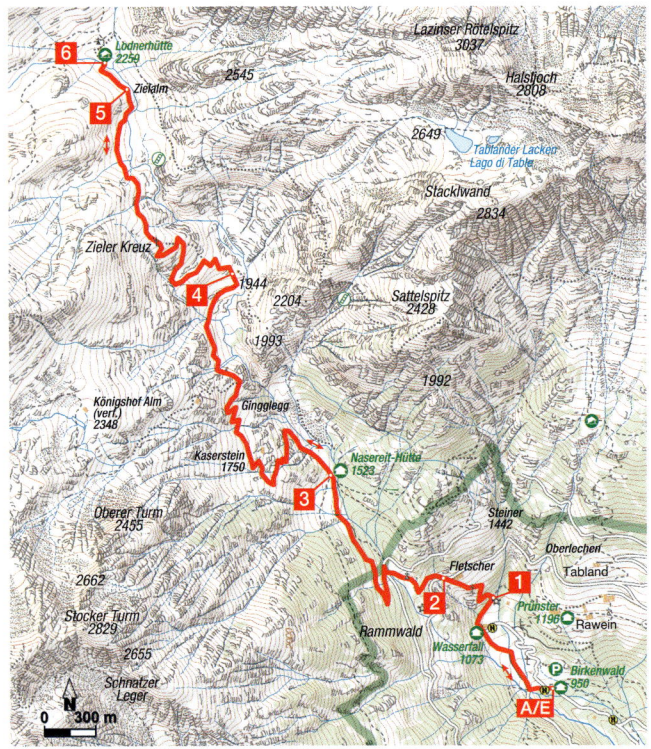

Nur noch wenige Schritte, und die Lodnerhütte ist erreicht ...

Der Erstbau der Lodnerhütte geht auf das Jahr 1891 zurück, damals noch in überaus spartanischer Form vom DuÖAV initiiert. Nach dem Ersten Weltkrieg beschloss Italien die Enteignung und sprach die Besitzrechte später der Sektion Meran des CAI zu. Verglichen mit manch anderem Domizil in den Bergen ist die Lodnerhütte in ihren Ausmaßen bis heute eher bescheiden geblieben – was sie umso liebenswerter macht. Und wer an die vier Stunden heraufmarschiert ist, dürfte einen rechten Appetit auf eine zünftige Südtiroler Marende mitgebracht haben ...

Der Hüttenweg durchs Zieltal Üblicherweise startet man heute beim ❹ **Gasthaus Birkenwald** ein Stück weit oberhalb von Partschins, wobei der Bus die Wanderer sogar erst beim ❶ **Gasthaus Wasserfall** am Ende der Bergstraße ablädt. In Sichtweite donnert der **Partschinser Wasserfall** fast 100 Meter über eine Steilwand; am eindrucksvollsten ist die Gischt zur Zeit der Schneeschmelze im Frühsommer. Ein Abstecher bis in unmittelbare Nähe dieses Naturschauspiels lohnt sich ungemein. Nachfolgend wandern wir hinauf zum ❷ **Fletscher,** wo eine Höfestraße gekreuzt wird. Wir halten uns links, gelangen noch mal auf eine Fahrtrasse, kürzen auf Waldweg ein Stück ab und laufen bei der ❸ **Schutzhütte Nasereit** (1523 m) ein. Die schon im

Im Partschinser Wasserfall stürzt die Gischt über eine 100 Meter hohe Wandstufe.

Mittelalter als Schwaighof errichtete Herberge ist vor ein paar Jahren modernisiert worden. Bergwärts gibt Markierung 8 weiterhin die Richtung vor, oft als breiter, aufwendig gepflasterter Saumweg, der phasenweise etwas holprig erscheinen mag, aber möglicher Erosion wirksam entgegentritt. Mit zwei ausholenden Kehren wird das winzige **Kasersteinhüttchen** passiert und zur Geländeschwelle des Ginglecks angestiegen. Der Zielbach tost hier durch eine Enge. Dahinter flach zur ❹ **Ginglalm** (Untere Kuhalm, 1944 m) und am nächsten aufsteilenden Hang abermals in Windungen höher zu einer weiteren Schwelle mit dem **Zieler Kreuz.** Wir queren einige Seitenbäche hinüber zum langen Stall der ❺ **Zielalm** (Obere Kuhalm, 2196 m) und packen den finalen Abschnitt zu der auffällig weiß getünchten ❻ **Lodnerhütte** (2259 m) an, die auf einem begrünten Bichl genau über dem Zusammenfluss von Lafais- und Zielbach thront. Keine Frage, das Ambiente stimmt!

Einkehr nach Maß im Zieltal

Einkehrstationen bietet diese Tour am laufenden Band. Damit kann jeder das Tagesziel gemäß seiner Kondition individuell anpassen. Spaziergänger gehen nur bis zum Wasserfall, gemütliche Wanderer meist bis zur Schutzhütte Nasereit. Wer es bis zur Zielalm schafft, wird womöglich auch die letzte Steigung Richtung Lodnerhütte nicht mehr auslassen.

Naturnser Hochwart

Über dem Nörderberg

mittel   5.15 Std.   1080 Hm   10 km

Besonderer Genuss: Ruhe und Natur

Talort
Naturns (529 m) im Vinschgau

Ausgangspunkt
Parkplatz Kreuzbründl (ca. 1580 m); Zufahrt von Naturns über die Höfestraße am Part-scheilberg, kurz vor Öberst auf einer Forststraße weiter bis zur Schranke

Gehzeiten
Kreuzbründl – Zetnalm 0.20 Std. – Nörderscharte knapp 2 Std. – Naturnser Hoch-wart 0.45 Std. – Nörderscharte 0.30 Std. – Mauslochalm 1 Std. – Kreuzbründl 0.45 Std.; insgesamt 5.15 Std.

Aufstieg/Abstieg
Ab Parkplatz 1030 Hm, zuzüg-lich ca. 50 Hm Gegensteigung nach der Mauslochalm

Anforderungen
Teilweise kleinere Steige durch Hochwald, Zwergstrauchhänge und Schrofengelände, ohne schwierige oder ausgesetzte Stellen, aber elementare Tritt-sicherheit vorteilhaft. Durch-schnittliche Tagestour.

Beste Jahreszeit
Ende Juni bis in den Oktober (Nordhanglage beachten)

Hütten/Einkehr
Zetnalm (Altalm); Mauslochalm (Frantschalm)

Karte
Tabacco, 1:25 000, Blatt 04 »Schnalstal – Naturns« oder Blatt 011 »Meran und Umge-bung«

Der Gipfelname »Hochwart« ist in Südtirol des Öfteren anzutreffen. Mit dem Vorsatz als Lagespe-zifizierung entdecken wir unser Ziel hoch über Naturns, wo sich eine mäßig aufgewühlte, eher be-häbig wirkende Gratlinie über den walddunklen Hängen des Nörderbergs erstreckt.

Panoramaschauen Wenn ein Berg als »Hohe Warte« bezeich-net wird, dann klingt das wie eine Verheißung. Das legt schon der Blick auf die Karte nahe, erhebt sich die Naturnser Hoch-wart doch im Scheidekamm zwischen Vinschgau und Ultental, besitzt die Südfront der Ötztaler Alpen damit als direktes Vis-à-vis und muss gegen den Meraner Talkessel kein höheres Hin-dernis vor sich dulden. Es handelt sich fraglos um einen der be-deutendsten Aussichtspunkte unserer Region, der zudem auf ganz verschiedenen Wanderrouten erklommen werden kann. Vor einigen Jahren bin ich einmal dem langen Nordostrücken

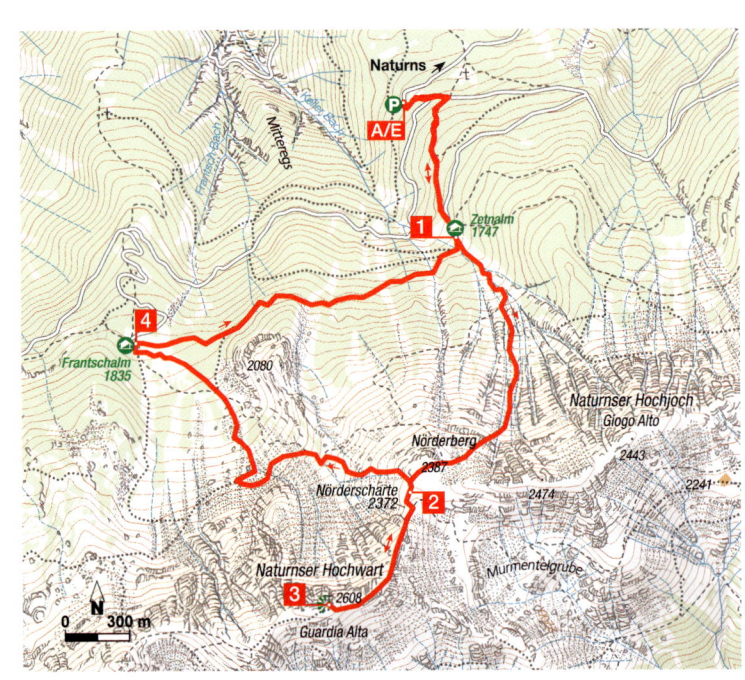

über das Naturnser Hochjoch gefolgt – eine überaus reizvolle Höhenwanderung. Ganz anders der Charakter auf der Nordseite, wo man wesentlich direkteren Zugang erhält ...

Zwei Wege am Nörderberg   Bereits kurz nach der Sperrschranke verlassen wir die Forststraße und wählen den bequemen Waldweg 5a zur bewirtschafteten ❶ Zetnalm (auch Altalm, 1747 m). Die Route setzt sich in einer Art Geländeschneise fort, durchmisst aufgelockerte Lärchenbestände und kommt auf steindurchsetztem Untergrund in weitläufige Zwergstrauchheiden hinein. Dieser niedere Bewuchs begleitet uns fast bis zur ❷ Nörderscharte (2372 m). Erst hier treffen im Übrigen Nr. 5a und Nr. 5 von der Mauslochalm aufeinander (in der Karte falsch dargestellt). Wenig höher gesellt sich auch der Anstieg aus dem Ultental (Nr. 6/9) dazu, ehe es über den breiten, schrofigen Kammrücken ohne weitere Hürden zum Gipfel der ❸ Naturnser Hochwart (2608 m) hinaufgeht.

Im Abstieg zurück zur ❷ Nörderscharte und von dort auf dem etwas besseren Steig Nr. 5 zunächst am Ansatz der Runggaun-Geländenase tiefer, später links haltend vom Rücken in den Randbereich des Mauslochs. Durch parkähnlich lichte Waldwiesen steuert man die ❶ Frantschalm (1835 m), vor Ort auch als Mauslochalm bezeichnet, an. Mit dem ausgeschilderten Almenweg besteht jetzt eine gute Querverbindung in 30 Minuten ostwärts zur ❶ Zetnalm, wobei auf stets gutem Weg teils steilere Hanglagen geschnitten werden.

Die Kette der Naturnser Hochwart über den Tannenwäldern des Vinschgauer Nörderbergs

Links: Rastmöglichkeit bietet die Mauslochalm (Frantschalm).

Wälder am Nörderberg

Wer gern in ausgedehnten Wäldern wandert, ist auf der Schattseite des Vinschgaus, am tannendunklen Nörderberg, gut aufgehoben. Besonders an Hitzetagen im Sommer lernt man die angenehmen Nebeneffekte des Mikroklimas, das in starkem Gegensatz zum gegenüberliegenden Sonnenberg steht, zu schätzen und muss sich nicht über Gebühr plagen. Bei nebligem Wetter wird es indes richtig mystisch und verwunschen.

9

St. Vigil und Naturnser Alm

Vom Bergweiler Aschbach

● ⊙ ▲ 👣 🚡
leicht 3.45 Std. 690 Hm 10 km

Talort
Rabland (526 m) im Vinschgau

Ausgangspunkt
Aschbach (1362 m), gut erreichbar mit der Gondelbahn von Rabland (Talstation nahe dem Bahnhaltepunkt an der Etsch)

Gehzeiten
Aschbach – St. Vigil 1.15 Std. – Naturnser Alm 1.15 Std. – Aschbach 1.15 Std.; insgesamt 3.45 Std.

Aufstieg/Abstieg
Bis St. Vigil 440 Hm, zur Naturnser Alm weitere 250 Hm

Anforderungen
Größtenteils problemlose Waldwege, freiere Stellen nur zwischendurch. Bis St. Vigil moderate Steigung, zur Naturnser Alm leichtes Auf und Ab.

Beste Jahreszeit
Ab etwa Mai bis November

Einkehr
Vigiljoch; Naturnser Alm; Aschbach

Karte
Tabacco, 1:25 000, Blatt 011 »Meran und Umgebung«

Das dem heiligen Vigilius geweihte, bereits im 13. Jahrhundert erwähnte romanische Höhenkirchlein auf dem äußersten Kammausläufer der Ortler-Alpen gehört zu den bekanntesten Stätten im Meraner Land. In Verbindung mit einer Einkehr auf der Naturnser Alm wird eine genussreiche, unbeschwerte Wanderrunde am schattigen Nörderberg daraus.

Familienwandern auf den Spuren der Geschichte Rund ums Vigiljoch, diesen unscheinbaren Waldrücken, breitet sich ein beschauliches Wandergebiet mit weitverzweigtem Wegenetz aus. Von großer kultureller Bedeutung sind die Mineralquellen, die den Ruf Merans als Kurstadt begründeten, und aus Sicht des Ausflüglers vor allem der besuchenswerte Kirchenhügel. Ein fast magischer, zumindest höchst geschichtsträchtiger Ort. Ähnlich alt dürfte auch das 800 Meter über der Vinschgauer

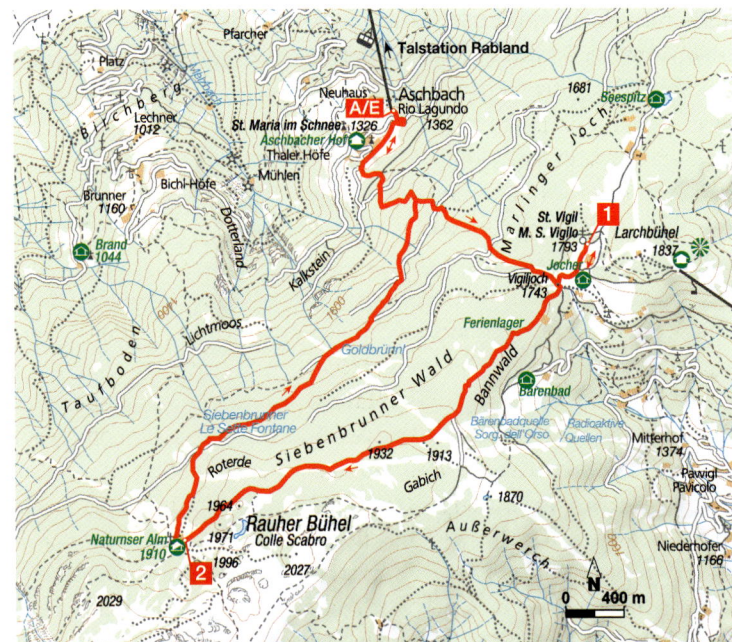

44

![Erstes Ziel ist der Kirchenhügel von St. Vigil.]

Erstes Ziel ist der Kirchenhügel von St. Vigil.

Talsohle gelegene Bergdorf Aschbach sein. Auf einer Rodungsinsel inmitten weitflächiger Fichtenwälder gelegen, ist es ein
wahres Idyll abseits alltäglicher Hektik. Bevor im Jahr 1971
eine Seilbahn in Betrieb ging, war der
Weiler mit seinen knapp 100 Seelen
gar nur über einen Fußsteig zu erreichen – mindestens zwei Stunden
selbst für gute Geher.

Ruhige Waldwege Zunächst heißt es
also mit der Kabinenbahn in die Höhe
zu schweben. Von der Ⓐ Bergstation
nehmen wir die Kehre des Fahrweges
und gelangen oberhalb der Häuser
von **Aschbach** zum Steig Nr. 27/28.
Nach einigen Windungen im Bergwald trennen sich die Routen; wir
halten uns links Richtung Vigiljoch.
Eine halbe Gehstunde danach flacht

St. Vigil am Joch
. . . .
Die Höhenkirche St. Vigilius führt sein Grund-
fest auf das Jahr 1278 zurück, möglicherweise auf einem alten heidnischen Kultplatz.
Die im Ursprung erhaltenen Langhausmau-
ern sind romanisch. Als außergewöhnlicher
Kunstschatz gelten die Fresken. St. Vigilius ist eine sogenannte Wetterkirche, zur
»Abwendung der Hochgewitter, Donner und
Blitze«, wie in kirchlichen Akten schriftlich
festgehalten wurde.

der Waldhang spürbar ab. Man erreicht die Kreuzung P. 1743 und gewinnt 50 Meter höher die Rasenkuppe mit dem Kirchlein ❶ St. Vigil (1793 m).

Von Lana zum Vigiljoch

Mit Seilbahn und Sessellift zum Larchbühel kann von Lana aus auch ganz bequem die Höhe erreicht werden. Die Gehzeit zur Naturnser Alm und zurück beträgt dann circa 3 Std.

Unser zweites Ziel, die Naturnser Alm, liegt gute drei Kilometer Luftlinie im Südwesten. Wir steigen wieder kurz zur Kreuzung ab und nehmen dann Markierung 9 auf, die als breiter Schotterweg ein Weilchen deutlich ansteigt. Ein Abzweig auf den urwüchsigeren Pfad mit der Nr. 30 bringt uns in den nördlichen Abhang des meist dichteren Siebenbrunner Waldes hinein. Leicht auf und ab schlendern wir ohne große Mühe hinüber zur ❷ Naturnser Alm (1910 m), deren Brotzeitangebot den kulinarisch-genüsslichen Teil der Tour einleitet. Nach ausgiebiger Rast geht es auf dem schräg durch die Waldflanke ziehenden Weg 27 zurück nach Ⓐ Aschbach.

Aschbach, ein Bergweiler wie aus dem Bilderbuch

Marlinger Höhen- und Waalweg

Ausgedehnter Spaziergang über Weingüter

10

Unter den talnahen Wanderstrecken rund um Meran genießen die Waalwege allerbesten Ruf. Landschaftlich reizvoll und denkbar bequem folgen sie traditionellen Wasserleitungen, die zum Teil noch ihre Funktion erfüllen. Der längste unter ihnen ist der Marlinger Waalweg. Gemeinsam mit einer höher am Hang verlaufenden Route ergibt sich eine durchaus tagfüllende Runde.

Der längste Bewässerungskanal Südtirols In zwanzigjähriger Bauzeit ließ das Schnalstaler Kartäuserkloster Allerengelberg

leicht   4.30 Std.   400 Hm   14 km

Besonderer Genuss: Einkehr

Talort
Marling (363 m), südwestlich von Meran

Ausgangspunkt
Parkplatz »Waalweg« (ca. 470 m) unweit von Schloss Lebenberg; Zufahrt von Tscherms

Gehzeiten
Marlinger Höhenweg bis Rastbühel 2.30 Std., Rückweg über Marlinger Waalweg 2 Std.; insgesamt 4.30 Std.

Aufstieg/Abstieg
Rund 400 Hm am Marlinger Höhenweg; Waalweg praktisch flach

Anforderungen
Vollkommen leichte Wander- und Spazierwege für jedermann. Der Waalweg ist meistens sogar kinderwagentauglich. Die Strecke ist aber nicht ganz kurz.

Beste Jahreszeit
Nahezu ganzjährig

Einkehr
Senn am Egg; Rastbühel; Schönblick; Enzian; Waldschenke; Waalheim

Karte
Tabacco, 1:25 000, Blatt 011 »Meran und Umgebung«

Mitte des 18. Jahrhunderts den Marlinger Waal zwischen der Töll und Oberlana einrichten. Dadurch konnte die Bewässerung der einträglichen Wein- und Obstbaukulturen am Sockel des Marlinger Berges fortan effektiv betrieben werden. Touristisch wurde die Strecke später als komfortabler Wanderweg

Über den Weinbergen thront Schloss Lebenberg.

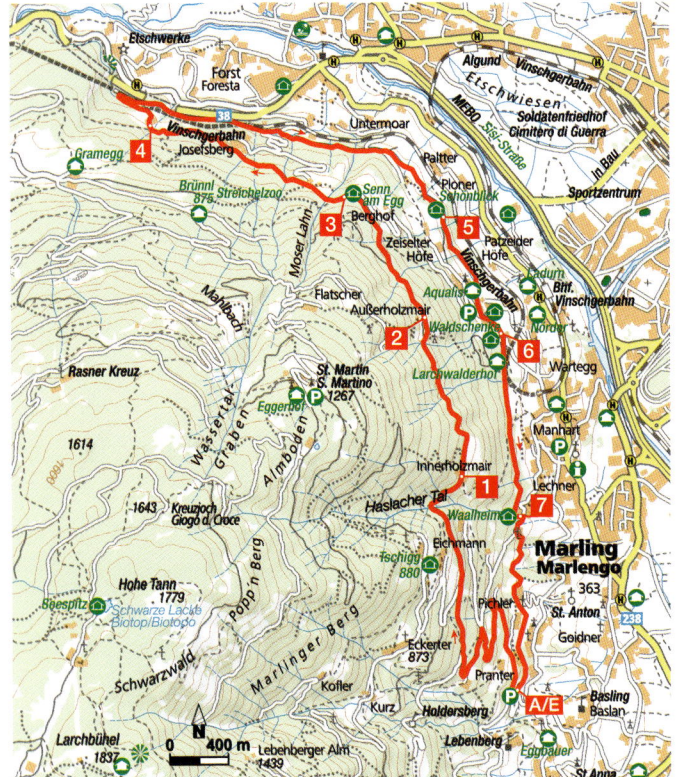

entdeckt. Eine Etage weiter oben zieht der Marlinger Höhenweg durch die oft bewaldeten Hänge. Unternehmungslustigen wird diese Kombination viel Spaß machen, wobei wir den einzigen nennenswerten Anstieg an den Anfang legen, um in der zweiten Halbzeit jede Menge Gelegenheit zur Einkehr zu haben.

Marlinger Höhenweg Der Beschilderung folgend zuerst einige Serpentinen auf einer geteerten Höfestraße bergauf (alternativ auch ab Parkplatz Waalheim möglich). Nach gut 30 Minuten ist der Höhenweg erreicht; man geht in einer Kehre geradeaus weiter und befindet sich damit auf der Zufahrt zum rustikalen ❶ **Innerholzmair.** Jetzt übernimmt ein Wanderweg die Führung. Meist durch dichteren Wald, aber immer wieder auch mit schönen Ausblicken über Meran, schneidet er mit nur wenig Auf und Ab die Flanken des Marlinger Berges. Beim ❷ **Außerholzmair** gelangt man wieder auf eine breitere Trasse, die zum Gasthaus ❸ **Senn am Egg** (698 m) fortwährend leicht abwärtsführt. In ähnlicher Weise weiter via ❹ **Rastbühel** (568 m) zur Einmündung in den von der Töll kommenden Marlinger Waalweg, wobei man sich gegebenenfalls auch schon etwas früher ausklinken kann.

Am Waalweg zurück Umgeben von Weinbergen und Obstplantagen steht nun für den Rückweg die bestens gepflegte
Trasse neben dem sanft dahinplätschernden Waalwasser bevor.
Gegenüber liegen das Gelände der Brauerei Forst sowie das
verstreute Algund, während wir ostwärts zwei Sträßchen kreuzen. Nach dem Gasthaus ❺ **Schönblick** gewahren wir oberhalb
das Kirchlein St. Felix und kommen
zum Gebäudekomplex mit den Gast-
höfen ❻ **Enzian** und **Waldschenke.**
Längst in Südrichtung, setzt sich die
Route direkt oberhalb von Marling
als »Walderlebnisweg« zur nächsten
Einkehrmöglichkeit ❼ **Waalheim**
fort. Etwa 20 Minuten später, nach
einigen Biegungen zwischen Wald-
saum und Rebhängen, geben wir
acht, den kurzen Stich zum Ⓐ **Parkplatz** nicht zu verpassen. Der Waalweg würde unter Schloss Lebenberg
vorbei noch gut zwei Kilometer bis
zu seinem Ende bei Lana führen.

Malerische Herbststimmung am
Marlinger Waalweg

Für Gourmets und Genießer

Der Marlinger Waalweg rangiert auf einer
imaginären Rangliste der beliebtesten Wan-
derpromenaden Südtirols sehr weit oben. Wie
beliebt er ist, zeigt nicht nur die dichte Folge
von Gasthäusern und Buschenschänken entlang der Strecke, sondern auch der kaum ab-
reißende Besucherstrom an jedem halbwegs
schönen Tag. Das Wort »Genuss« wird hier
jedenfalls ganz groß geschrieben.

11

Lana – St. Pankraz

Außerultner Höfewanderung

leicht   3 Std.   300 Hm   10 km

Besonderer Genuss:
Ruhe und Natur

Talort
Lana (320 m) im Etschtal

Ausgangspunkt
Bergstation (1486 m) der Seilbahn von Oberlana beim Hotel Vigiljoch

Endpunkt
St. Pankraz (730 m) im Ultental; Busverbindung nach Lana

Gehzeiten
Bis Guggenberg 1.30 Std.; insgesamt 3 Std.

Aufstieg/Abstieg
Knapp 300 Hm Aufstieg, 950 Hm Abstieg

Anforderungen
Leichte Hangwanderung, die vornehmlich bergab führt. Viel Wald mit zahlreichen eingestreuten Hoflichtungen. Halbtagestour.

Beste Jahreszeit
Frühjahr bis Spätherbst

Einkehr
Hotel Vigiljoch; Pawigler Wirt; St. Pankraz

Karte
Tabacco, 1:25 000, Blatt 011 »Meran und Umgebung« oder Blatt 046 »Lana – Etschtal«

Das Ultental vermag uns vor allem an seinem Sonnenhang mit wunderschönen bäuerlichen Kulturlandschaften zu entzücken. Aus den zahlreichen Möglichkeiten möchte ich hier eine bequeme Halbtageswanderung vorstellen, die über Pawigl und Guggenberg hinab nach St. Pankraz führt.

Ins Tal der vier Heiligen Mit der Gaulschlucht besitzt das Ultental gleich an seinem Ausgang bei Lana einen natürlichen Riegel, der es als eigene, in sich abgeschlossene Welt erscheinen lässt. Wer sich von den Obstkulturen an der Etsch verabschiedet und ins östlichste Tal der Ortler-Alpen vordringt, den

Von Hof zu Hof

Mag es drunten in Lana auch sehr quirlig zugehen – die Welt der Höfeweiler, die sich locker verstreut an die Flanken über dem Ultental schmiegen, ist stets eine stille. Wer auf seinen Wanderungen eine anheimelnde, althergebrachte Kulturlandschaft schätzt, wird sich dort sehr wohlfühlen. Namhafte Renommierziele sind eher woanders zu suchen.

begrüßen im stetig ansteigenden Talboden nacheinander die vier Ortschaften von Ulten, benannt nach ihren Schutzpatronen: St. Pankraz, St. Walburg, St. Nikolaus und ganz zuhinterst St. Gertraud.

Wo mir ringsum ursprüngliche Szenerien im Laufe der Jahre sehr ans Herz gewachsen sind, möchte ich in diesem Band acht Touren vorstellen – mit dem hier beschriebenen Flankenweg vorerst noch im äußersten Bereich. Sie soll sogar mit der Seilbahn von Lana ausgehen, ehe wir uns ein Stück weit am Sonnenhang taleinwärts begeben, dabei manchen stolzen, wettergegerbten Hof passieren und schließlich ins wehrhaft anmutende St. Pankraz absteigen.

Über Pawigl und Guggenberg Von der **Ⓐ Seilbahn** wandern wir an etwas deplatziert wirkenden Hotelbauten vorbei zuerst zu den **Brunnerhöfen** (1395 m) und, mehrfach eine Bergstraße kreuzend, weiter abwärts zum Weiler **❶ Pawigl** (1156 m), der ebenfalls von einer kleinen Seilbahn bedient wird (gut 30 Minuten kürzer). Von nun an ist Markierung 10 für uns maßgebend. Wir queren leicht ansteigend einen Waldhang unterhalb der Rodung Buchrast, kommen vorübergehend auf einen Forstweg und setzen die Traverse über den Klausgraben zum Eggerhof (1271 m) fort. Hier befinden wir uns schon im Streuweiler **❷ Guggenberg**, dem mehrere Höfe über ein weitläufigeres Areal angehören. An Walter und Graberle vorbei schwenken wir in die nächste verzweigte Runse ein, kreuzen mehrere Bäche und gelangen gegenüber zu den Höfen von **❸ Bergmann** (1285 m) und Tratt. Über den Holzner Graben nun deutlich abwärts, bei **❹ Mittereben** um ein Geländeeck herum und meist abseits der Höfestraßen bis in die Sohle des großen Kirchbachtals hinab. Von dort ist es nur noch ein kurzes Stück hinaus nach **❺ St. Pankraz** (730 m), wo wir auf den Bus nach Lana warten.

Die Mitterhöfe bei Pawigl

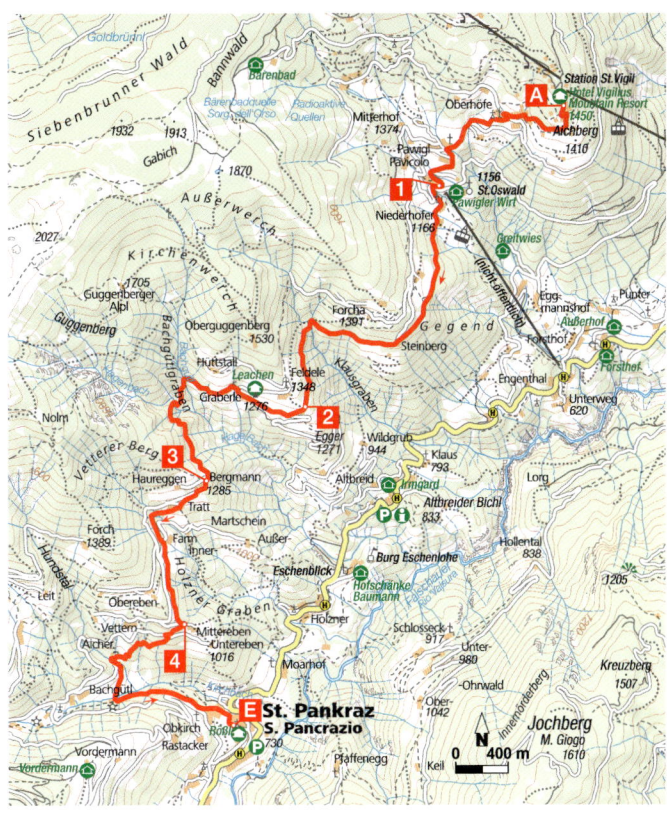

Ultner Talweg

Beschauliche Streckenwanderung auf der Sonnseite

12

leicht 3.30 Std. 350 Hm 9 km

Besonderer Genuss: Ruhe und Natur

Talort
St. Walburg (1131 m) im Ultental

Ausgangspunkt
St. Walburg (1131 m)

Endpunkt
St. Pankraz (730 m); im Ultental gibt es eine Buslinie mit dichtem Fahrplan

Gehzeiten
St. Walburg – Unterdurach 0.50 Std. – Fuchsen 1.10 Std. – Unterkofl 0.45 Std. – St. Pankraz 0.45 Std.; insgesamt 3.30 Std.

Aufstieg/Abstieg
Etwa 350 Hm Aufstieg, 750 Hm Abstieg

Anforderungen
Unschwieriger Flankensteig in relativer Talnähe. Überwiegend Naturwege unterschiedlicher Breite und Beschaffenheit, oft durch Wald, aber auch mal schmale Graspfade sowie breitere Traktorspuren. In einigen steileren Passagen elementare Trittsicherheit vorteilhaft.

Beste Jahreszeit
Frühjahr bis Spätherbst

Einkehr
Nur in den Talorten

Karte
Tabacco, 1:25 000, Blatt 042 »Ultental«

Der Reiz der Ultner Sonnseite kommt auch etwas weiter taleinwärts, zwischen den Hauptorten St. Pankraz und St. Walburg, hervorragend zur Geltung. Hier finden wir eine Route, die sich – manchmal ein wenig verschlungen – durch die Wälder von Hof zu Hof schlängelt und für eine Halbtagesunternehmung gerade das rechte Maß trifft.

Einsame Höfe, von der Sonne verwöhnt   Dabei kann der Name »Ultner Talweg« etwas irreführend sein. Zwar liegt die Talsohle wesentlich näher als die Kammlinie der Berge, doch bewegt man sich praktisch die ganze Zeit an der südostseitig exponierten Hanglehne, in der zwischen ausgedehnten, von einigen Gräben durchzogenen Waldarealen wie üblich auch kleinere oder größere Rodungsinseln eingestreut sind: das typische Bild Ultens am Sonnenhang. So finden wir auf der Strecke also genügend Schattenspender, freilich nicht ohne die sich immer wieder öffnenden Ausblicke ins Tal hinab sowie auf Laugenspitze und Co. Urtümlich und naturnah lauten zweifellos passende Attribute. Von St. Walburg aus begangen, gestaltet sich der Ultner Talweg merklich weniger anstrengend, weshalb die Beschreibung in dieser Richtung erfolgen soll. Wer ein Mehr an Aufstiegsmetern nicht scheut, kann aber ebenso gut auch taleinwärts marschieren.

Von St. Walburg nach St. Pankraz   In **St. Walburg** überqueren wir die Brücke und wandern hinauf zur stattlichen Kirche, ehe bald darauf der stets vorbildlich beschilderte Ultner Talweg von der Bergstraße rechts abzweigt. Ein erster Graben wird ausgegangen. Danach zieht unser Weg teils schmal und ohne größere Höhenunterschiede nach ❶ **Unterdurach** (1269 m). Der nächste Graben zeigt sich ziemlich markant ins Gelände eingeschnitten. Wir verlieren hinter der Brücke ein Stück an Höhe und wandern dann wieder quer durch die Flanke. Um einer recht abschüssigen Hangpartie auszuweichen, schaltet sich ein kurzer, kräftiger Gegenanstieg ein, bevor wir bei den »Lamawiesen« am ❷ **Ebenhof** (1192 m) eintreffen – ein für Südtirol

52

Von den Höfen am Ultner Talweg blicken wir auf die Laugenspitze.

St. Pankraz mit der stattlichen Dorfkirche.

etwas exotisches Ambiente, aber offensichtlich keine gänzlich unpassende Bewirtschaftungsvariante. Der folgende Graben zwingt uns einen steilen Abstieg und Wiederanstieg auf. Bequemer geht es weiter Richtung ❸ **Fuchsen** (1179 m), bevor sich mehrere Rinnentraversen in recht verschlungenem Verlauf anschließen. Bei den Hillebrandhöfen geht es vorübergehend steil bergab. Über eine Wiese und weiterhin mehrheitlich durch Wald erreichen wir die Zufahrt zum ❹ **Unterkofl** (964 m). Kurz hinter dem Hof folgen die letzte kleine Gegensteigung und danach der wohl anspruchsvollste Abschnitt auf einem steilen Pfad bergab. Allmählich sanft auslaufend steuern wir die Höfe nahe ❺ **St. Pankraz** an und laufen kurz darauf im Ortskern ein.

Tiroler Bergbauernleben

Die Touren 11 und 12 ergänzen sich in ihrem Charakter auf ideale Weise. Auch zwischen St. Walburg und St. Pankraz sind wir auf einer Halbtageswanderung über die bäuerlichen Streusiedlungen am Sonnenhang unterwegs. Typisch ist hier die Architektur der Tiroler Paarhöfe, die sich stets malerisch in die Umgebung einfügen.

13 Peilstein

Der markante Hausberg von St. Walburg

mittel   6–7 Std.   1200–   11 km
                  1450 Hm

Besonderer Genuss:
Einkehr

Talort
St. Walburg (1131 m) im
Ultental

Ausgangspunkt
Bei den Innerdurachhöfen
(1420 m) oberhalb von St. Walburg; Zufahrt direkt aus dem
Ortszentrum; oder mit Bus
daselbst

Gehzeiten
Aufstieg über Hochjoch
3.30 Std., Abstieg über Marschnellalm 2.30 Std.; insgesamt ca. 6 Std. (ab St. Walburg
7 Std.)

Aufstieg/Abstieg
Ab Innerdurach etwa 1200 Hm
(ab St. Walburg fast 300 Hm
mehr)

Anforderungen
Unschwieriger Wanderberg mit
bezeichneten Steigen, im
Kammbereich etwas Trittsi-
cherheit von Vorteil, zudem
Ausdauer für eine stattliche
Tagestour.

Beste Jahreszeit
Juni bis Oktober

Einkehr
Marschnellalm

Karte
Tabacco, 1:25 000, Blatt 042
»Ultental«

Jeder, der ins Ultental kommt, kann sich auf Anhieb ausmalen, welch großartige Aussichtsloge der
Peilstein sein muss. Keck rückt er vom Kammzug
ein Stück vor und grüßt damit direkt nach St. Walburg hinab. Wir überschreiten den Gipfel über das
Hochjoch kommend ins Marschnellkar und lernen
im unteren Bereich auch die typische Höfelandschaft am Ultner Sonnenberg kennen.

Über das Hochjoch   Wer drunten in **Ⓐ St. Walburg** starten
möchte, steigt zuerst rechter Hand zur Kirche auf und hält sich
an Markierung 1. Hinter Neuberg am Rand einer steilen Wiese
zu den Anwesen von Eggen, die auf der gleichen Höhe wie die
benachbarten **❶ Innerdurachhöfe** (1420 m) liegen. Oberhalb
folgt ein längerer Aufstieg durch schattigen Wald, unterbro-
chen lediglich durch zwei kleinere Lichtungen. Erst ab 2100
Metern bleibt die Waldgrenze unter uns. Von einem plateau-
artigen Geländeabsatz zieht die Spur nach rechts und gewinnt

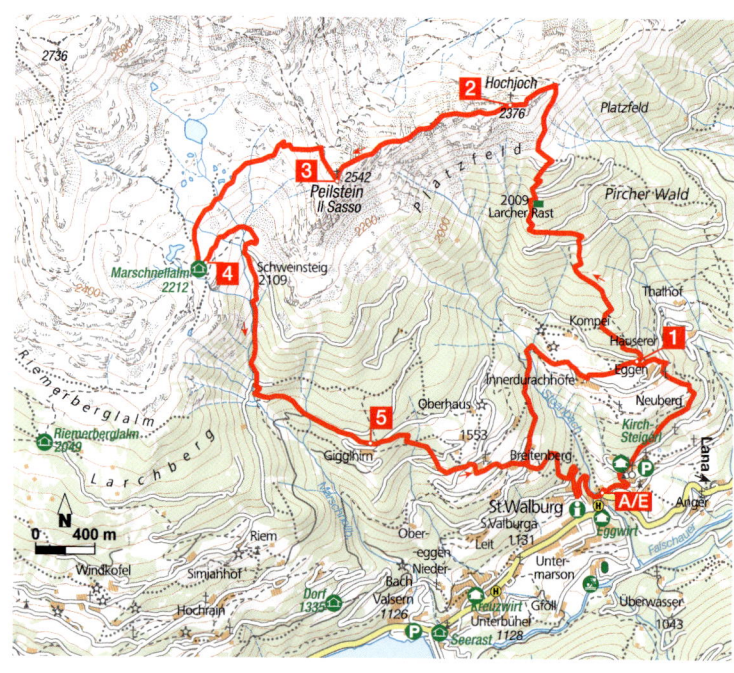

die Kammhöhe im Sattel P. 2275, einem möglichen Übergang ins Falkomai-Hochtal. Wir folgen indessen dem Kamm nach Westen und stehen kurze Zeit später bereits auf dem ❷ **Hochjoch** (2376 m), wo ein Bankerl zur Rast lädt.

Obwohl das Panorama schon große Klasse ist, erwarten wir drüben am ❸ **Peilstein** (2542 m) eine noch stärkere Wirkung. Wir laufen weiter in die Zwischensenke und erreichen unseren Kulminationspunkt über einen teils etwas steileren, blockdurchsetzten Rücken. Das Kreuz steht nach Süden vorgeschoben, damit es von St. Walburg aus sichtbar ist. Gut 1400 Höhenmeter bei nicht einmal drei Kilometer Horizontaldistanz liegen nun zwischen uns und dem Ortskern – nüchterner Beweis für die atemberaubende Perspektive, die sich hier oben ergibt.

Bergab via Marschnell Vom Peilstein steigt man nordwärts in eine Einsattelung hinunter und von dort mit Nr. 10 links in eine weitläufige Karmulde mit Viehmauern. Diese gehören zur ❹ **Marschnellalm** (2212 m), die im Sommer einfach bewirtschaftet ist. Falls man nicht noch mit einem westwärts ausholenden Schlenker der schnuckeligen Riemerberglalm einen Besuch abstatten möchte, gibt der Graben des Marschnellbachs die weitere Abstiegsrichtung vor. Bei P. 1742 auf eine Forststraße stoßend, rücken wir nach links ab und kommen nach ❺ **Gigglhirn** (1677 m). Im weiteren Verlauf nutzt man die Abkürzungen der Höfestraße entweder ganz nach St. Walburg hinunter oder achtet auf die Querung des Sunnseitenweges, um über die Stoanbachrunse wieder zurück zu den ❶ **Innerdurachhöfen** zu gelangen.

St. Walburg ist der Hauptort Ultens.

Links: Nach langem Aufstieg bis zur Kammhöhe steht jetzt der schönste Abschnitt der Tour bevor.

Zur Riemerberglalm

Oberhalb der sonnseitigen Höfe im mittleren Ultental befindet sich mit dem Riemerbergl eine der urigsten Almen weit und breit. Sie wirkt schon baulich wie aus einer längst vergangenen Zeit. Und die überaus herzliche Bewirtung passt bestens dazu. Es ist ein Fleckchen, um die Seele einfach mal baumeln zu lassen …

Ultner Höfeweg

Von Hof zu Hof durch Innerulten

leicht   4.45 Std.   400 Hm   16 km

Besonderer Genuss:
Ruhe und Natur

Talort
Kuppelwies (1153 m) im
Ultental

Ausgangspunkt
Entweder bei der Talstation der
Seilbahn zur Schwemmalm
oder günstiger noch bei einem
Waldparkplatz ca. 400 m tal-
einwärts

Gehzeiten
Kuppelwies – St. Nikolaus
1 Std. – St. Gertraud 1.30 Std.
– Rückweg über südliche
Talseite 2.15 Std.; insgesamt
4.45 Std.

Aufstieg/Abstieg
In Summe ca. 400 Hm

Anforderungen
Wechsel zwischen Wander- und
Fahrwegen, vollkommen einfach, nie steil und überhaupt
nur geringe Höhendifferenzen.
Einzig die Strecke ist zu beachten, man kann aber auch
mit dem Bus zurückfahren oder
eine kürzere Runde (etwa ab
St. Nikolaus) wählen.

Beste Jahreszeit
Frühjahr bis Spätherbst

Einkehr
In St. Nikolaus und St. Ger-
traud möglich (auch bei den
Urlärchen)

Karte
Tabacco, 1:25 000, Blatt 042
»Ultental«

Wer bequeme Talwanderungen und das Ambiente
typischer Südtiroler Bauernkultur schätzt, für den
ist der Ultner Höfeweg genau richtig. Über acht Kilometer zieht er am Sonnenhang taleinwärts Richtung St. Gertraud und auf der gegenüberliegenden
Seite wieder retour. Dabei entdecken wir so manchen schmucken Hof, der vom Wiesenhang übers
Tal schaut und dessen Bewirtschafter seit altersher
als »Landschaftspfleger« fungieren ...

Stammsitze Ultner Bergbauern   »Innerulten – der Talverlauf
vom Stausee über St. Nikolaus nach St. Gertraud – gleicht einem Bilderbuch, in dem wir alles finden, was wir uns unter
einem Bauernland vorstellen«, bemerkte Buchautor Sepp
Schnürer einst, und daran hat sich bis jetzt kaum etwas geän-
dert. Denn Massentourismus ist in dieser Talschaft bislang ein
Fremdwort geblieben, was der Authentizität zweifellos zugu-

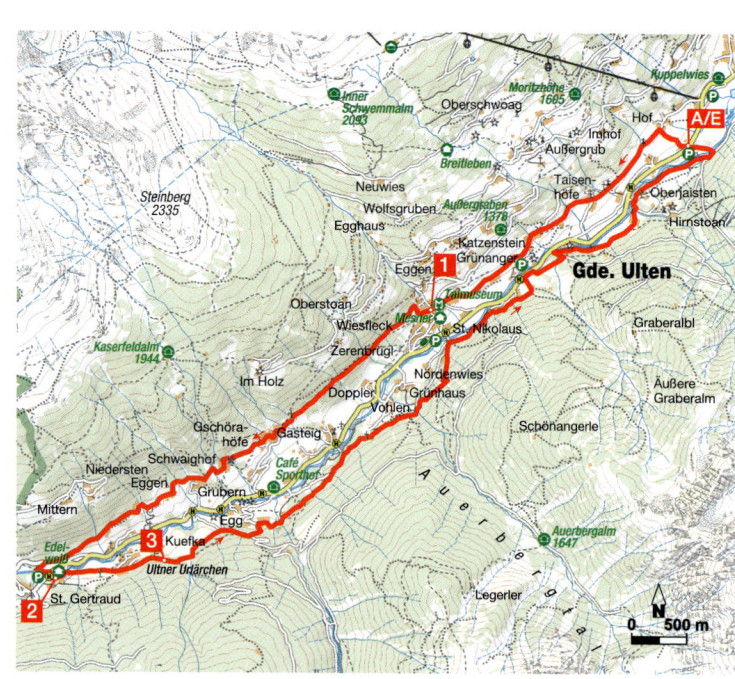

Schindelgedeckte Höfe
inmitten sonniger Mähwiesen:
ein typisches Ambiente am
Ultner Höfeweg

tekommt. Am Ultner Höfeweg tauchen wir so richtig ein in den bäuerlichen Lebensraum, lernen die typischen Südtiroler Paarhöfe kennen und erleben einen »Bilderzyklus«, den eine zügige Autofahrt auf der Talstraße niemals in vergleichbarer Weise vermitteln kann. Der Rahmen der Wanderung lässt sich ganz individuell gestalten, wobei die komplette Runde immerhin an die fünf Stunden reine Gehzeit beansprucht.

Von Kuppelwies nach St. Gertraud

Als Erstes begeben wir uns gegenüber vom Ⓐ Parkplatz zur Häusergruppe Hof (1196 m) am sonnseitigen Talhang. Der Ultner Höfeweg ist perfekt ausgeschildert und kann eigentlich kaum verfehlt werden. In meist offenem Ge-

Begegnung auf einem
Bergbauernhof

lände geht man über Troin und Taisen (1216 m) nach Katzenstein. Weiter auf einem Sträßchen via Grünanger ins Ortsgebiet von ❶ **St. Nikolaus** (1271 m). Hier rechts haltend aufwärts und durch ein längeres Waldstück zu den Höfe-Ensembles von Ga-

Die Ultner Urlärchen
....

Auf unserer Wanderung berühren wir eine Gruppe von drei mächtigen, wettergezeichneten Lärchen, die als älteste Nadelbäume Europas gelten. Bei einer im Jahr 1930 umgestürzten Lärche wurden über 2000 Jahresringe gezählt. Obgleich eine wissenschaftliche Untersuchung dieses biblische Alter in Zweifel zieht und auf »nur« rund 850 Jahre schätzt – wie diese Baummethusalems eine derartige Zeitspanne überdauern konnten, zeugt vom unbeugsamen Lebenswillen der Natur!

steig und Gschöra (1379 m). Schwaig, Grubern, In der Eggen (1457 m) sowie Ober- und Unterkropfen heißen die nächsten Stationen in dichter Abfolge, ehe der Weg Richtung ❷ **St. Gertraud** wieder leicht zu fallen beginnt. Noch vor dem Ort stößt man beim Gasthaus Edelweiß auf die Talstraße und schwenkt damit in den Rückweg ein.

Ein Fahrweg führt nach Kuefka (1412 m) und zur Jausenstation bei den berühmten Ultner ❸ **Urlärchen**. Dahinter leicht abwärts zu einem Sträßchen und mit mehrmaligen Richtungswechseln, teils durch Wiesen, teils durch Wald, unter dem Auslauf des Klapfbergtals und seinem Wasserfall vorbei. Eine halbe Stunde später wird auch der Abfluss aus dem Auerbergtal gekreuzt und bald darauf die Brücke nach St. Nikolaus links liegen gelassen. Man bleibt rechts der Falschauer, wo es im Wechsel zwischen Naturwegen und Fahrtrassen stets relativ talsohlennah weiter auswärts geht. Nach einem geringfügig ansteigenden Forstweg wird bei Oberjaisten schließlich das Einertal passiert, ehe man 10 Minuten später den Fluss überquert und damit genau beim ❹ Parkplatz ankommt.

Zur Schusterhütte

Ein Stück vom Innerultner Höhenweg

leicht   4.45 Std.   700 Hm   13 km

Wer über die sonnseitigen Almterrassen des inneren Ultentals wandert, schwelgt in herrlichen Ausblicken und kommt an manch liebenswürdigem Kleinod vorbei. Einige davon seien in dieser überschaubaren, variantenreichen Runde oberhalb St. Gertraud zusammengefügt. Die Einkehr in der winzigen Schusterhütte zum Beispiel, man wird sie zu genießen wissen ...

Über Kaserfeldalm oder Kuhhüttl Am Parkplatz bei den **Ⓐ Flatschberghöfen** vermeiden wir anfangs die Zufahrt und schlagen sofort den höher verlaufenden Weg ein. Oberhalb von »Öbersten«, dem namentlich obersten Anwesen, achten wir auf Markierung 146 und treten in den Bergwald ein. Wenig später wird der Direktanstieg zur Schusterhütte (Nr. 147) ausgewiesen, der über das urige **Kuhhüttl** (2159 m) etwa eine Dreiviertelstunde einsparen lässt. Es lohnt sich aber genauso der Schlenker

Besonderer Genuss: Einkehr

Talort
St. Gertraud (1519 m), hinterster Ort im Ultental

Ausgangspunkt
Parkplatz Flatschberghöfe (ca. 1780 m), Zufahrt über St. Gertraud und die Weißbrunnstraße, bei der Haltestelle Unterjochmeyr (bis hierher Bus) rechts ab

Gehzeiten
Flatschberghöfe – Kaserfeldalm 1 Std. – Schusterhütte 1.15 Std. – Flatschbergtal 0.45 Std. – Tuferalm 0.45 Std. – Flatschberghöfe 1 Std.; insgesamt 4.45 Std.

Aufstieg/Abstieg
Etwa 700 Hm

Anforderungen
Überall leichte, gut angelegte und markierte Bergwege; auch konditionell gemäßigt.

Beste Jahreszeit
Juni bis Oktober

Einkehr
Kaserfeldalm; Schusterhütte; Obere Flatschbergalm

Karte
Tabacco, 1:25 000, Blatt 042 »Ultental«

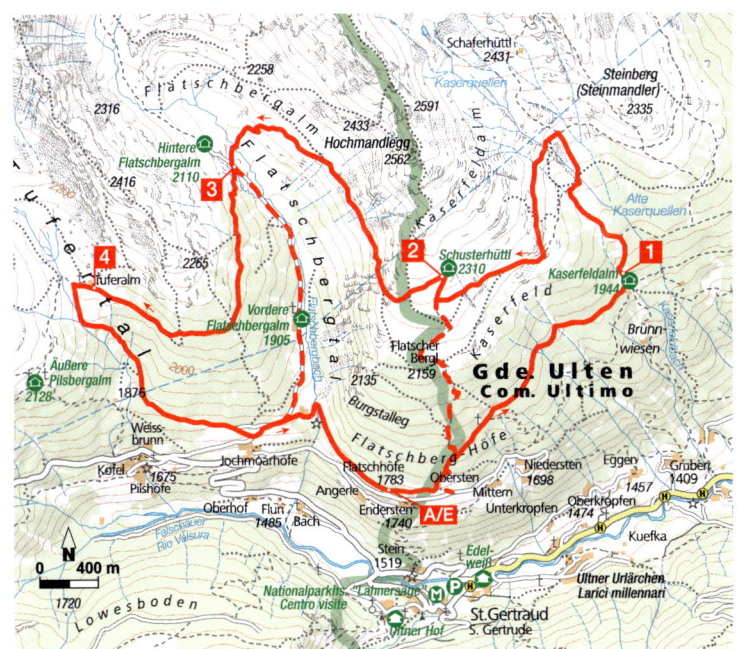

Nach einer Stunde erreichen wir die urige Kaserfeldalm.

Rechte Seite: Im Ultner Flatsch-bergtal gibt es Kleinode zu entdecken.

über die ❶ **Kaserfeldalm** (1944 m). Nach einer längeren Querung durch dichtere Fichten-Lärchen-Bestände erreichen wir die romantische Lichtung. Jetzt nach Bezeichnung »Schusterhütte/Hasenohr« gerade hoch und bis über die Waldgrenze hinaus, wo man im seichten Kar nach links abdreht, um die sanft geneigten Matten des Kaserfeldes schräg aufwärts zu queren. Mit einem kurzen Rechtsschwenk steht man vor der ❷ **Schusterhütte** (2310 m) am höchsten Punkt unserer Wanderung – der perfekte Platz für ein herzhaftes Speck- oder Kasbrettl. Hoffentlich sind die wenigen Tische nicht schon besetzt!

Via Flatschbergtal ins Tufertal Weiter nach Westen nehmen wir um einen Hangrücken (großer Steinmann bei P. 2290) herum Kurs auf das Flatschbergtal, bleiben allerdings vorerst noch hoch in der Flanke und verlieren nur zaghaft an Höhe. Im Hintergrund präsentiert sich die Kammlinie zwischen Tuferspitz und Hasenohr – ich kann mich noch gut an jenen stürmischen Tag entsinnen, als ich von den umtosten Dreitausenderhöhen kommend ins schützende Hochtal abstieg. Knapp unterhalb der ❸ **Oberen Flatschbergalm** (2110 m) kreuzen wir sowohl den Bach als auch den Hauptweg (eine Variante berührt auch direct die Alm) und bleiben unserer seit Kaserfeld benutzten Markierung 12 treu. Man könnte, um die Sache abzukürzen, nun zwar auch über die bewirtschaftete ❹ **Untere Flatschberg-alm** (1905 m) talwärts marschieren, doch liegt eine zusätzliche Schleife über die **Tuferalm** (2099 m) sicher noch drin. Diese erreichen wir nach einer leicht auf- und absteigenden Querung um den nächsten großen Waldrücken. Ist es doch jedes Mal wieder ein spannender Moment, sich einer neuen Almlichtung zu nähern. Aus dem Tufertal gelangen wir mit Weg 141 schließlich zurück zu den ❶ **Flatschberghöfen**.

Zu urigen Almen

Trotz erheblicher Probleme, die das althergebrachte Bergbauerntum in der heutigen technisierten Agrarwirtschaft erfährt, zeigt sich der Niedergang des Almlebens in Südtirol bei Weitem nicht so fortgeschritten wie anderswo. Gerade auch das Ultental hat in dieser Hinsicht einigen Charme bewahren können. Etwa drei Dutzend Almen werden hier noch bestoßen und so manches Hüttchen ist in sehr rustikalem Stil erhalten. Da und dort wird für uns Wanderer auch ein Jausenangebot bereitgestellt, was wir dankbar und mit Freude annehmen. Denn am besten schmecken die Produkte doch dort, wo sie hergestellt werden.

Nagelstein

Zum Wächter von St. Gertraud

mittel | 5 Std. | 1000 Hm | 8 km

Besonderer Genuss:
Aussicht

Talort
St. Gertraud (1519 m), hinterster Ort im Ultental

Ausgangspunkt
Parkplätze bei der Kirche im oberen Ortsbereich von St. Gertraud; der Bus hält unten an der Talstraße

Gehzeiten
St. Gertraud – Gonnawand
1.40 Std. – Nagelstein
1.20 Std. – Fiechtalm
0.50 Std. – St. Gertraud
1.10 Std.; insgesamt 5 Std.

Aufstieg/Abstieg
Ziemlich genau 1000 Hm

Anforderungen
Gipfeltour auf markiertem Steig ohne Kletterei, bis zur Gonnawand häufig steil, danach besser angelegt und deutlicher ausgetreten, an einer abschüssigen Stelle mit Kette. Auf der Abstiegsroute im Vergleich eher etwas leichtere Bergwege. Für trittsichere und einigermaßen ausdauernde Wanderer normale Tagestour.

Beste Jahreszeit
Mitte Juni bis zum Einschneien im Herbst

Einkehr
Fiechtalm

Karte
Tabacco, 1:25 000, Blatt 042 »Ultental«

Mit einer etwas zerklüfteten Gipfelsilhouette posiert der Nagelstein im Winkel zwischen den Talästen des Kirchbergbaches und der Falschauer direkt über dem Kirchdorf St. Gertraud, was eine informative Aussicht über die Bergwelt des innersten Ultentals erwarten lässt. Ich schlage den steileren Direktweg über die Kanzel der Gonnawand fürs Bergauf und die Schleife über die bewirtschaftete Fiechtalm fürs Bergab vor.

Über die Gonnawand   Zieht man die zumeist weiten Anmarschwege zu den typischen Ultner Gipfeln ins Kalkül, so ist der Nagelstein ein nachgerade leicht erreichbares Ziel. Hier geht es ohne Talhatscher von Anfang an kräftig in die Höhe, wenn wir uns unmittelbar bei der ◯ **Kirche** mit Nr. 109 in den Bergwald wenden. Man kreuzt einige Blößen und nähert sich dem Abbruch der Gonnawand, in deren Felsen rote Feuerlilien blühen.

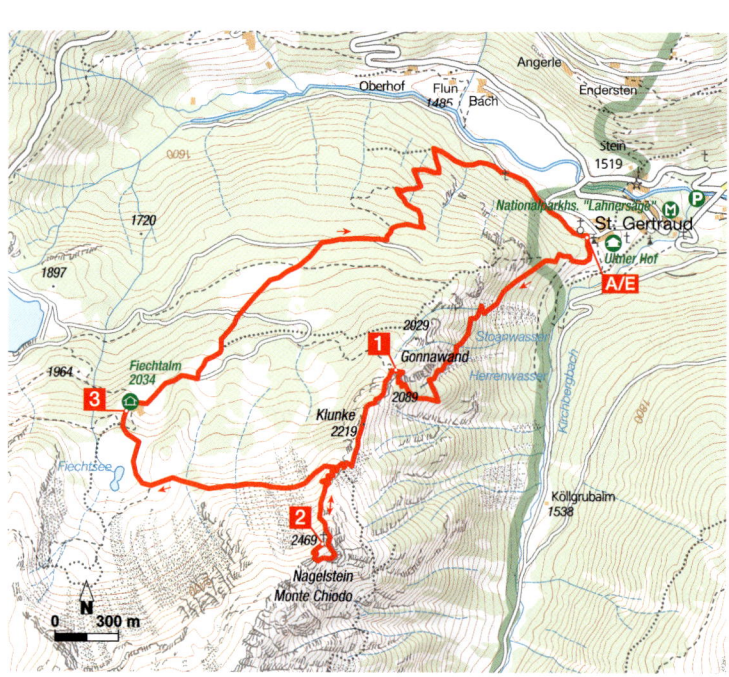

Überhaupt ist die Flora sehr reichhaltig. Dicht unter dem Felssockel steigen wir steil höher und gewinnen damit die Kammhöhe im Rücken der ❶ **Gonnawand** (2079 m), deren Podest von hier in wenigen Schritten leicht zugänglich ist. Es wurde sogar ein richtiger Rastplatz eingerichtet, mit prächtiger Schau genau in Verlängerung des Ultentals.

Bergwärts passieren wir nun zwei Abzweigungen nach Fiecht, wobei die felsige Klunke links zu umgehen ist. Dann windet sich der ordentliche Steig am Nordrücken empor und weicht unter dem grobblockigen Gipfelaufbau nach links aus (an einer Stelle Sicherung), um schließlich von der Rückseite den kreuzgeschmückten ❷ **Nagelstein** (2469 m) zu gewinnen. Dass es sich mehr um den Eckpunkt eines höheren Grates handelt als um einen selbstständigen Gipfel, nehmen wir in Anbetracht einer nahezu umfassenden Rundsicht mit Gleichmut hin.

Die Tour zum Nagelstein führt in schrofiges Gelände.

Zur Einkehr in die Fiechtalm Um der Tour noch ein Plus an Abwechslung zu verleihen, schlagen wir beim Abstieg den ersten Abzweig nach links ein und queren die Geröllhalden der Nordflanke leicht abwärts (Nr. 101). Im weiteren Verlauf gelangt man in die Hangmulde mit dem **Fiechtsee** und von dort rasch zur ❸ **Fiechtalm** (2034 m), deren dargebrachte Erfrischung schon heiß ersehnt wird. Bei schönem Wetter werden wir noch lange auf der Terrasse neben einem kleinen Wasserrad verweilen, ehe wir uns wieder talwärts begeben. Dazu gehen wir ein Stück entlang der Almstraße, dann mit Nr. 107 links ab und über ausgedehnte Wiesen in den Wald. Dort schließlich in Kehren tiefer und, sobald am Bergsockel angekommen, rechts in kurzem Gegenanstieg nach ❹ **St. Gertraud**.

Ultens informative Schau

Den Nagelstein besteigt man hauptsächlich wegen seines herrlichen Panoramas. Richtung Nordosten blicken wir genau durch die Talachse Ultens, gerahmt von zwei mächtigen Kämmen, deren Gipfel wir mit einer guten Karte bestimmen können (um vielleicht den einen oder anderen demnächst aufs Programm zu setzen …). Wem der Anstieg indes zu anstrengend erscheint, der kann sich auch durchaus mit der vorgelagerten Gonnawand begnügen. Aussichtsmäßig wird hier schon sehr viel geboten.

17 Höchster Hütte

Talschlussrunde mit vielen Seen

mittel 4.30 Std. 700 Hm 10 km

Besonderer Genuss: Ruhe und Natur

Talort
St. Gertraud (1519 m), hinterster Ort im Ultental

Ausgangspunkt
Weißbrunnsee (1872 m), Ende der Fahrstraße von St. Gertraud (im Sommer Wanderbus ab St. Gertraud)

Gehzeiten
Weißbrunnsee – Höchster Hütte 2 Std. – Langsee 1 Std. – Obere Weißbrunnalm 0.45 Std. – Weißbrunnsee 0.45 Std.; insgesamt 4.30 Std.

Aufstieg/Abstieg
Etwas mehr als 700 Hm

Anforderungen
Gut ausgebauter Hüttenweg ohne allzu steile Passagen, retour zuerst entlang einiger Blockhalden, dann über weitläufiges Hochweidegebiet, teils kleinere, jedoch ebenfalls leichte Pfade, aber länger. Grundlegende Ausdauer angezeigt.

Beste Jahreszeit
Mitte Juni bis Mitte Oktober (Bewirtschaftungszeit der Höchster Hütte)

Hütten/Einkehr
Höchster Hütte (Übernachtung möglich, Tel. 0473/79 81 20); Restaurant »Knödlmoidl«

Karte
Tabacco, 1:25 000, Blatt 042 »Ultental«

Am Fuße von Ultens Dreitausenderkrone gewahren wir neben den »Errungenschaften« der Energiewirtschaft noch immer jede Menge Ursprünglichkeit, ein Kontrastbild zwischen dem aufgestauten Grünsee und der natürlichen Seenplatte von Weißbrunn, die sich über sanft gewellte Hochebenen erstreckt. Als Wanderer findet man hier jede Menge Auslauf ...

Im Wandel der Zeiten Es ist schon ein bemerkenswerter landschaftlicher Wandel, den wir erleben, wenn wir aus dem von Rebhängen und Obstplantagen gekennzeichneten Etschtal bei Lana bis ins hinterste Ultental vordringen und weiter zur Höchster Hütte aufsteigen. Dort regieren eine hochalpine Szenerie aus Fels und Eis und ein bisschen leider auch die Energiegesellschaft ENEL, die Ultens Wasserreichtum anzapft, um aus der gewonnenen »weißen Kohle« den Stromhunger der nord-

italienischen Industrie zu stillen. So hat seinerzeit nicht nur die bäuerliche Talbevölkerung hier und da wertvollen Heimatboden verloren, sondern auch der Alpenverein die 1910 eröffnete Vorgängerin der Höchster Hütte. Sie versank in den Fluten des aufgestauten Grünsees, der die große Hochtalmulde unter den vergletscherten Eggenspitzen ausfüllt. Immerhin sorgte die ENEL in den Siebzigerjahren für einen Ersatzbau, sodass Wanderer und Bergsteiger für Touren zu den benachbarten Hütten und den umliegenden Dreitausendern weiter gut bedient sind.

Die welligen Hochböden von Weißbrunn bieten ein prima Wandergelände fernab der Alltagshektik.

Von See zu See Auch unser Startpunkt befindet sich an einem Stausee, dem **A** Weißbrunnsee. Wir folgen dort dem Weg 140 am Restaurant Knödlmoidl vorbei und gewinnen im Lärchenwald, später im freien Gelände an Höhe. Allmählich dreht man rechts ein und vollzieht im Angesicht der Grünsee-Staumauer etliche Kehren, bis wir uns ungefähr auf Augenhöhe mit der Dammkrone befinden. Nun ist es nicht mehr weit zur **1** **Höchster Hütte** (2561 m), die direkt am Uferhang des Grünsees mit schönem Blick zu den Eggenspitzen steht.

Um die Wanderung zu einer interessanten Runde auszuweiten, kann

Am Ursprung der Falschauer

· ·

Einen Ultenbach sucht man in Karten vergebens – der Talfluss Ultens heißt Falschauer und entspringt im weitläufig gewellten Gebiet der Weibrunnalmen. Dort umgibt uns eine richtige Idylle mit Hochweiden, leuchtenden Alpenrosenfeldern und Wollgrasböden, die im Umfeld einiger Seen und Lacken zu finden sind. Für Liebhaber solch malerischer Szenerien habe ich im Übrigen noch einen Tipp parat: Jenseits des Kirchbergjochs gibt es eine weitere bezaubernde Seenplatte mit ziemlich stattlichen Exemplaren im Umkreis der Haselgruber Hütte!

Zahlreiche Seen umschmeicheln unsere Sinne auf der Rundtour im hintersten Ultental.

man sich für die große Schleife durchs Gebiet der Weißbrunn-almen entscheiden. Dafür wird mit Nr. 12 zunächst die Stau-mauer überschritten und anschließend in leichtem Gefälle süd-wärts gewandert. Der Weg ist streckenweise steinig, aber gut zu begehen. Hinter einer Art Geländeterrasse halten wir uns bei einer ❷ **Kreuzung** links (andere Richtungen führen zur Haselgruber Hütte sowie zum Rifugio Dorigoni) und durch-streifen die welligen, von etlichen Naturseen belebten Matten ins Gebiet der Weißbrunnalmen (Bezeichnung 107). Der statt-liche **Langsee** misst immerhin rund 300 mal 150 Meter und ist daher ein besonderer Anziehungspunkt. Von der ❸ **Oberen Weißbrunnalm** (2214 m) geht es über den Geländeabsatz der Mittleren Weißbrunnalm deutlicher bergab, wobei man noch einen kurzen Abstecher zum ❹ **Fischersee** (2068 m) einflechten könnte. Eine Stufe tiefer trifft man hinter der Bachbrücke wie-der auf den Hüttenweg, nur noch 15 Minuten vom Parkplatz beim großen Ⓐ **Weißbrunn-Stausee** entfernt.

Ultner Almenweg

Über Seegruben-, Pfandl- und Spitzneralm

Nachdem wir bei Tour 15 schon eine typische Ultner Almwanderung in Südhanglage kennengelernt haben, soll es hier auf die Schattseite gehen, wo ausgedehnte Nadelwälder selbst im Hochsommer angenehme Temperaturen versprechen. Knapp unterhalb der 2000-Meter-Linie lassen sich drei Almrodungen zu einer schönen Tagestour verbinden.

Der Drei-Almen-Weg   Am Ende der **Ⓐ Staumauer** folgen wir zuerst dem breiten Uferweg (Nr. 20), bis uns nach etwa 15 Minuten ein Schild schräg aufwärts in die Waldleiten lotst. Bald übernimmt ein kleinerer Steig die Führung. Er schraubt sich durch hochstämmigen Wald überwiegend im Randbereich eines Grabens empor und kreuzt auf 1480 Metern nur einmal eine Forststraße. Nach diesem etwas eintönigen Bergauf freuen wir uns, in das freie Gelände der **❶ Seegrubenalm** (1916 m) hinauszutreten, wo der Senn inmitten der Einfriedung einige Rast-

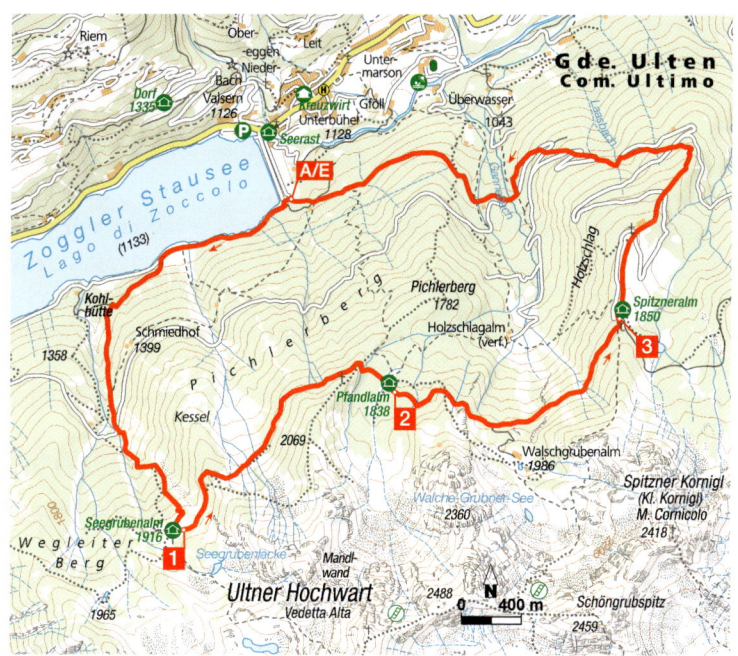

 18

mittel   5.30 Std.   900 Hm   13 km

Besonderer Genuss: Einkehr

Talort
St. Walburg (1131 m), Hauptort des Ultentals

Ausgangspunkt
Zoggler Stausee (1133 m), gleich hinter St. Walburg; Parkmöglichkeit vorn an der Straße (Bushaltestelle) oder am anderen Ende der Staumauer

Gehzeiten
Zoggler Stausee – Seegrubenalm 2.30 Std. – Pfandlalm 0.45 Std. – Spitzneralm 0.45 Std. – Zoggler Stausee 1.30 Std.; insgesamt 5.30 Std.

Aufstieg/Abstieg
Rund 900 Hm, größtenteils bis zur Seegrubenalm

Anforderungen
Gewöhnliche Bergwege in überwiegend bewaldetem, teils auch recht steilem Gelände, jedoch ohne schwierige Passagen. Neben solider Ausdauer etwas Trittsicherheit vorteilhaft. Bei Hitze schön schattig.

Beste Jahreszeit
Juni bis September oder noch im Oktober, falls auf Einkehrmöglichkeit verzichtet wird

Einkehr
Seegrubenalm; Pfandlalm; Spitzneralm

Karte
Tabacco, 1:25 000, Blatt 042 »Ultental«

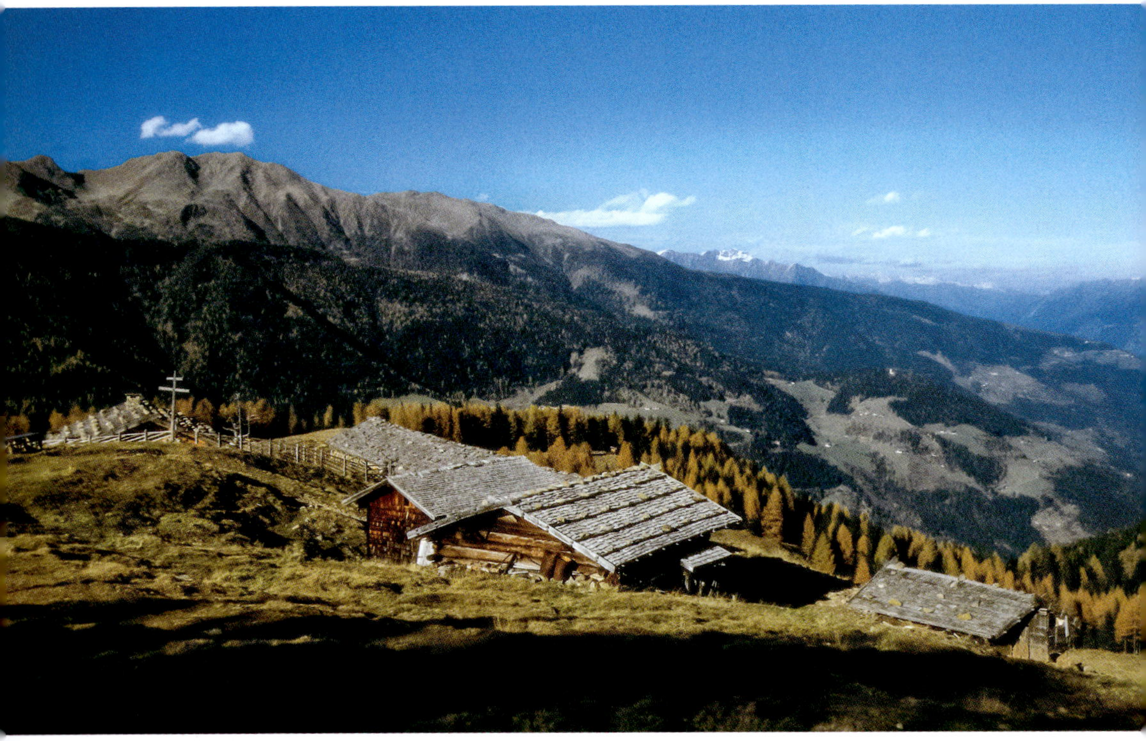

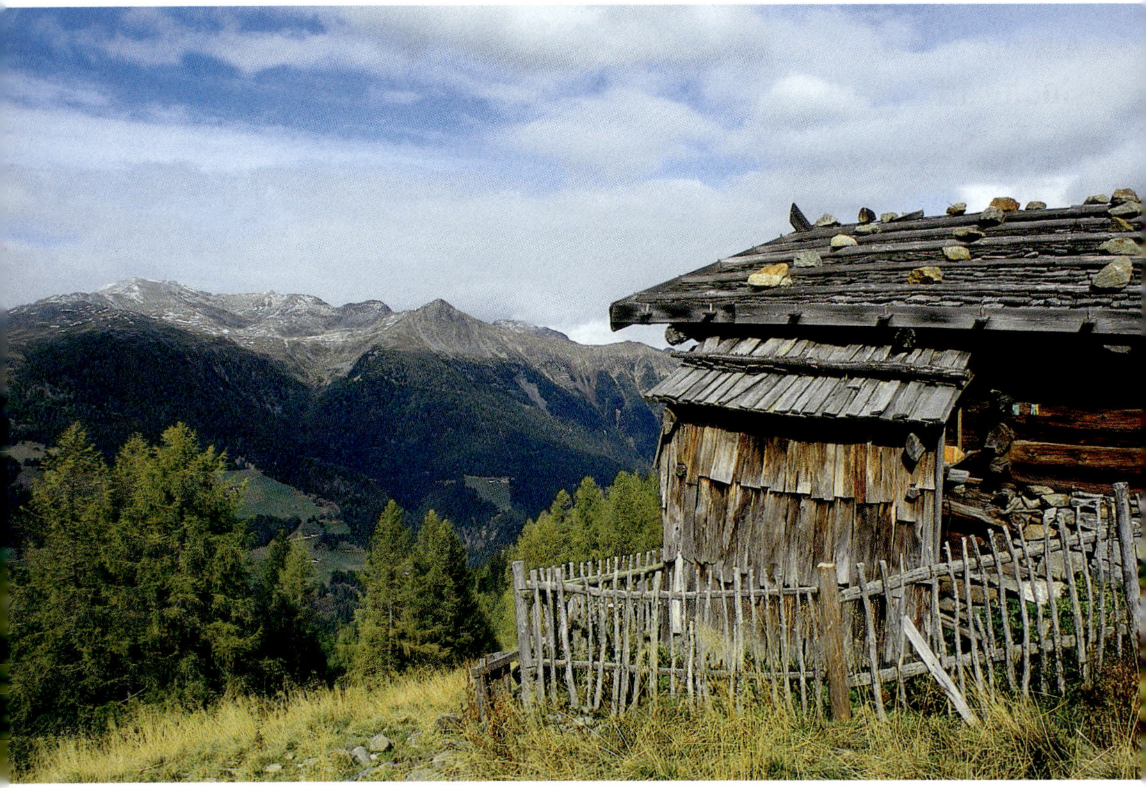

bänke aufgestellt hat. Im Rücken dräut die Ultner Hochwart, während unsere Blicke hinüber zur anderen Talseite gleiten. Anschließend wird mit Nr. 23 nahezu hangparallel ein Geländevorsprung umkurvt und weiter durch lichteren Lärchenwald in Grundrichtung Nordost gewandert. Der gut angelegte Weg zieht recht bequem durch die Flanken und erreicht nach circa 45 Minuten die während des Sommers ebenfalls einfach bewirtschaftete ❷ **Pfandlalm** (1838 m). Etwa genauso lange beansprucht der Verbindungsweg zur Spitzneralm. Er durchzieht in ähnlicher Weise die bewaldeten Flanken, geht zwischendrin aber von einem Fußpfad in eine breitere Trasse über. Mit geringfügigem Auf und Ab läuft man schließlich bei der größeren ❸ **Spitzneralm** (1847 m) ein. Was unsere Einkehrwünsche betrifft – wir haben die Qual der Wahl!

Obwohl es sogar noch eine Fortsetzung Richtung Gomperalm gäbe, müssen wir – um nicht zu weit vom Ausgangspunkt weggeführt zu werden – nun an den Abstieg denken. Dabei schluckt uns wieder der dichte Waldsockel, wenn wir mit Nr. 22 die Schleifen des breiten Güterweges abschneiden. Im unteren Teil heißt es achtgeben, damit man nicht die richtige Forststraße (Nr. 27a) zurück zum ❹ **Zoggler Stausee** verpasst.

Auf die Ultner Hochwart

. . . .

Wer's zünftiger bevorzugt, wird die Etage der Almen vielleicht nur als Zwischenstation ansehen und von der Seegrubenalm weiter bergwärts streben. Man gelangt auf Weg 20 über eine Karschwelle in die Hochmulde mit den beiden Hochwartseen, die knapp rechts bleiben. Immer steiniger geht es zum Südwestgrat empor, über den der Gipfel der Ultner Hochwart (2627 m) zuletzt bestiegen wird. Gute Bergsteiger können sogar eine Gratüberschreitung erwägen, um später zur Spitzner- oder Pfandlalm abzusteigen. Gesamtgehzeit: 7–8 Std.

Erdverbundene Ursprünglichkeit

. . . .

Was uns in den Ultner Bergen immer wieder begeistert, sind die traditionellen Almhütten, von denen manche bis heute nicht durch breite Wirtschaftswege erschlossen sind. Das trifft auf die unterhalb der Hochwart gelegene Seegruben- und Pfandlalm zu, während die Spitzneralm schon einen etwas moderneren Anstrich bekommen hat. Die dunklen Wälder vermitteln ein strengeres Ambiente als drüben am Sonnenhang. Sie nehmen hier den größten Raum ein und bedeuteten für Ulten jahrhundertelang die wichtigste Einnahmequelle. Umso idyllischer erscheinen uns freilich die Almrodungen mit ihren liebreizenden Schindelhüttchen. Da hockt man sich doch gern auf eine Brotzeit her und lässt bei meditativer Kuhglockenmusik die Augen über Tal und Berg schweifen ...

19 Kornigl und Schöngrubspitze

Gipfelstafette über dem Hofmahdjoch

schwierig 4.30 Std. 870 Hm 8 km

Besonderer Genuss: Aussicht

Talort
Proveis (1422 m), Bergdorf am Deutschnonsberg

Ausgangspunkt
Hofmahdjoch (1719 m), Parkplätze unmittelbar am Südportal des Scheiteltunnels (Bushalt)

Gehzeiten
Hofmahdjoch – Kleiner Kornigl 2 Std. – Spitzner Kornigl 0.30 Std. – Schöngrubspitze 0.30 Std. – Cloz-Alm 1.15 Std. – Hofmahdjoch 0.15 Std.; insgesamt 4.30 Std.

Aufstieg/Abstieg
Bis zum Kleinen Kornigl 630 Hm, über alle drei Gipfel ca. 870 Hm

Anforderungen
Zum Kleinen Kornigl bezeichneter Steig, in der oberen Flanke ziemlich steil und erodiert (Bewertung mittel). Über Spitzner Kornigl und Schöngrubspitze nur spärliche Trittspuren und keine Markierung, teilweise Zuhilfenahme der Hände erforderlich, aber noch als Bergwanderung einzustufen. Trittsicherheit in jedem Fall unerlässlich, konditionell hingegen nicht sehr anspruchsvoll.

Beste Jahreszeit
Juni bis Oktober

Einkehr
Cloz-Alm

Karte
Tabacco, 1:25 000, Blatt 042 »Ultental«

Während die berühmte Laugenspitze überaus häufig bestiegen wird, liegen die »namenlosen« Berge weiter westlich quasi im Dornröschenschlaf. Dabei steht ihre Aussicht kaum nach. Wer sich einigermaßen versiert auf schrofigen Graten bewegt, kann hier sogar im Schnellverfahren drei Gipfeltrophäen einheimsen ...

Drei auf einen Streich! Das erste Mal lernte ich diese Gipfel während einer großen Kammüberschreitung von der Ultner Hochwart her kennen – eine Tour, deren Anspruch den gesteckten Rahmen dieses Wanderbuches wohl sprengen würde. Viel kürzer und auch etwas einfacher ist der Zustieg zu den beiden Kornigln sowie der Schöngrubspitze, die zusammen das Clozner Loch einfassen, indes vom Hofmahdjoch. Da hat man eine komplette Doppelschleife vor sich und kann die Tour gemütlich auf der Cloz-Alm ausklingen lassen.

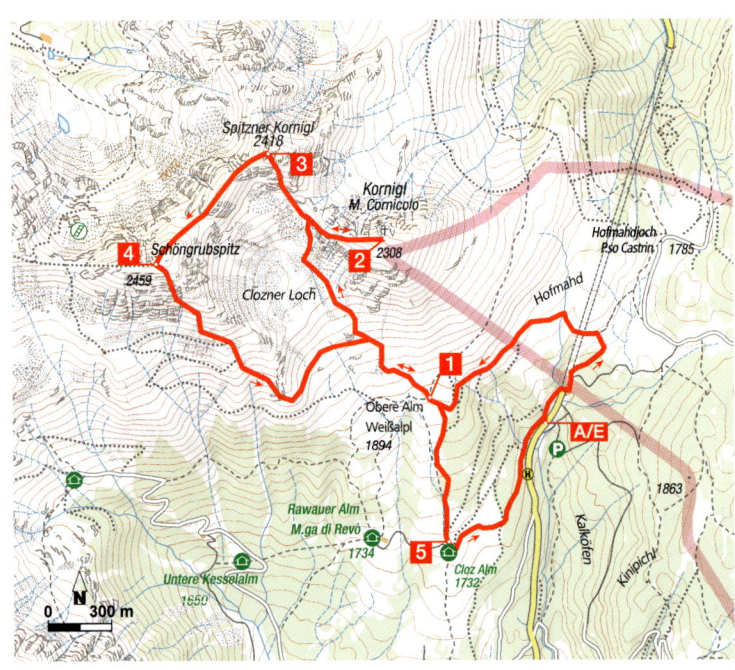

![Mountain landscape with hiker in red](full-width photograph)

Vom Hofmahdjoch Man folgt zu Beginn den Wegweisern nach Norden auf die Hofmahdwiesen, hält sich an den Gabelungen jeweils links und fädelt damit in den Sentiero Bonacossa (Nr. 133) ein. Anfangs ist dies ein Karrenweg, später ein Almpfad, der zur aufgelassenen ❶ **Oberen Alm** (Weissalbl, 1894 m) führt. Von nun an geht es stetig aufwärts, wobei man sich an Markierung 7 ins Kar des Clozner Lochs orientiert. Dort an die rechte Begrenzung und über steile, morsche Schrofen hinauf zur Gratverbindung zwischen den beiden Kornigln. Ein flacher, unschwieriger Kammabschnitt bringt uns rechter Hand bald auf den ❷ **Kleinen Kornigl** (2311 m). Die in der Tabacco-Karte eingezeichnete Markierung zum hundert Meter höheren ❸ **Spitzner Kornigl** (2418 m) existiert in dieser Form nicht. Man bleibt zwar nach der Gratsenke wie angedeutet im Wesentlichen an der Schneide, biegt nur an einer Steilpassage kurz nach rechts aus, muss aber in den Schrofen mit allenfalls ganz mickrigen Steigspuren vorlieb-

Beim Übergang zur Schöngrubspitze beeindruckt die Ultner Hochwart.

Zu schön zum Hasten

. . . .

Einmal an einem langen Junitag: Da hatte ein starker Wind den Wetterumschwung zwar schon angekündigt, doch bereits um kurz nach 7 Uhr früh setzte ich meinen Fuß auf den Kleinen Kornigl. Und bevor die dicken Wolkenbänke von Nordwesten mit Macht übers Land drifteten, waren auch die beiden Nachbargipfel überschritten. Bliebe Nachahmern lediglich etwas mehr Muße zu wünschen, denn die Aussicht über das Ultental sowie nach Süden bis zu Brenta und Co. ist eigentlich zum Genießen wie geschaffen!

Am Gipfel des Spitzner Kornigl

Rechts: Am Kleinen Kornigl nimmt man bereits die nächste Spitze ins Visier.

nehmen und seine Trittsicherheit unter Beweis stellen. Ohne allzu große Hindernisse ist nach einer halben Stunde das ungewöhnliche Gipfelsignal gewonnen. Der weitere Übergang zur ❹ Schöngrubspitze (2459 m) erfolgt über einen breiten, recht gutmütigen Kammrücken, wobei man nach kurzem Zwischenabstieg wieder rund 100 Höhenmeter bis zum höchsten Punkt der Tour ansteigen muss.

Für den Abstieg bietet sich jetzt der Südostgrat an. Auch hier erscheint die rote Linie in der Karte übertrieben, stehen doch höchstens ein paar Steinmännchen. Mit minimalen Kletterübungen geht es teils etwas steiler bergab, einen Viehsteig kreuzend und bei nächster Gelegenheit auf deutlicher Spur nach links ins Clozner Loch hinein. Gegenüber trifft man wieder auf den ❶ bekannten Weg. Wer noch einkehren möchte, kann es über die schönen Waldwiesen zur ❺ Cloz-Alm (1732 m) auslaufen lassen und über deren Zufahrt zum Ⓐ Hofmahdjoch zurückkehren.

Proveiser Almweg

Auf dem Sentiero Aldo Bonacossa

Zu den entlegensten Gegenden Südtirols zählt zweifellos der Deutschnonsberg: Jenseits des Ultner Ilmenkamms und des Gampenjochs topografisch schon eindeutig dem Trentino zugewandt, ist das Gebiet historisch-kulturell allerdings mindestens seit dem 13. Jahrhundert dem deutschsprachigen Tirol zugehörig.

Auf Entdeckung in der »Teutschgegent«   Durch einen Keil, der sich fast bis gegen die Laugenspitze vorschiebt, ist die Enklave – deren (bescheidene) Hauptorte Unsere liebe Frau im Walde und St. Felix einerseits sowie Proveis und Laurein andererseits heißen – in zwei Teile getrennt. Davon abgesehen gibt es nur kleinere Weiler und Höfegruppen. Seiner geografischen Lage zufolge müsste man den Proveiser Höhenweg (oder Almweg, um es noch treffender auszudrücken) eigentlich eher den Trentiner Panoramatouren zurechnen. Schließlich stehen am Ho-

●	⏱	⛰	🚶
leicht	4.45 Std.	800 Hm	12 km

Besonderer Genuss: Ruhe und Natur

Talort
Proveis (1422 m), Bergdorf am Deutschnonsberg

Ausgangspunkt
Knapp unterhalb des Dorfkerns von Proveis, wo der Weg zur Stierbergalm beginnt

Gehzeiten
Proveis – Stierbergalm
1.15 Std. – Kesselalm
1.30 Std. – Cloz-Alm 1 Std.
– Proveis 1 Std.; insgesamt
4.45 Std.

Aufstieg/Abstieg
Gut 800 Hm

Anforderungen
Durchgängig ordentliche Bergwege ohne Schwierigkeiten, etwas Trittsicherheit trotzdem angenehm. Mitunter Aufmerksamkeit beim Verfolgen der Markierung geboten. Normale Tagestour.

Beste Jahreszeit
Juni bis Oktober oder November

Einkehr
Stierbergalm; Cloz-Alm

Karte
Tabacco, 1:25 000, Blatt 042 »Ultental«

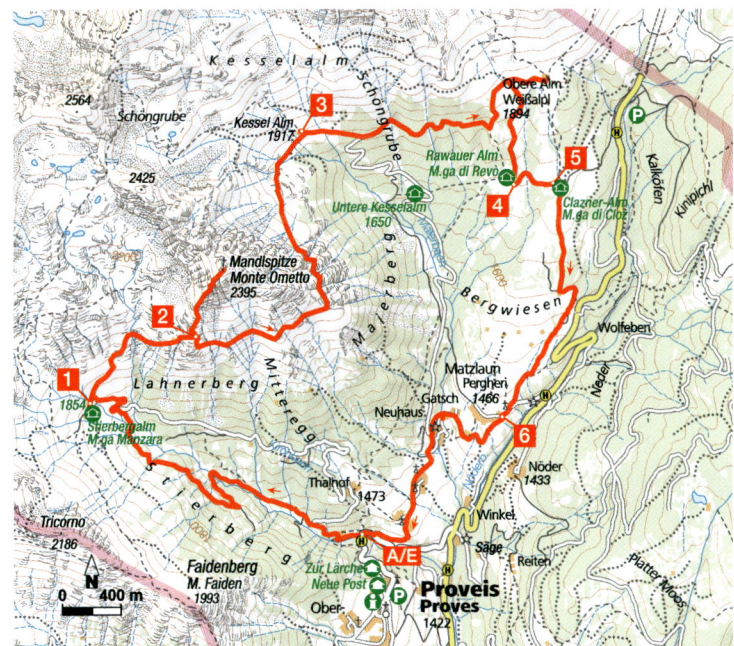

Die Maierhöfe bei Proveis

rizont Brenta und Presanella, die sanfte Nonsberger Seite des Mendelkamms und auch ein guter Teil der südwestlichen Dolomiten Parade. Aber wie gesagt, der Grund und Boden, auf dem wir uns bewegen, ist urtirolerisch.

Zwischen Stierberg- und Cloz-Alm Knapp unterhalb von Ⓐ **Proveis,** wo der Kirchbach aus einem Seitental herauskommt, brechen wir zu unserer Almrundtour auf. Taleinwärts heißt es reichlich eine Stunde warmlaufen, ehe die ❶ **Stierbergalm** (1850 m) in ihrem schönen, weiten Kessel vor uns auftaucht. Ein Stück höher schneidet der mit Nr. 133 bezeichnete Sentiero Aldo Bonacossa die Hänge. Um ihn zu erreichen, vertrauen wir uns rechter Hand dem Verbindungsstück an und gewinnen damit die Geländeterrasse unter dem Mandlspitz. Aufpassen, dass man richtig in den Höhenweg einfädelt ❷.

Nun steht der attraktivste Abschnitt bevor. Nach einer längeren, nahezu horizontalen Querung, die uns herrlichste Ausblicke beschert, umkurven wir die Ostschulter des Mandlspitz und gelangen nordwärts einschwenkend leicht bergab in die große Einbuchtung der Kesselalm. Oberhalb formieren Ultner Hochwart und Schöngrubspitze den Grenzkamm nach Ulten. Beim kärglichen Hüttchen der ❸ **Kesselalm** (1917 m) folgen wir für kurze Zeit der geschotterten Zufahrt, die wir aber bereits wenige Minuten später wieder verlassen, um in leichtem Auf und

Ab weiter durch das licht bewaldete Gelände der Schöngrube zu queren. Später nehmen wir entweder den Abzweig zur ❹ **Revo-Alm** (1734 m) oder setzen den Weg noch bis zum aufgelassenen Weissalbl (1894 m) fort, ehe die stattliche ❺ **Cloz-Alm** (1732 m) den Schlusspunkt unseres Almreigens bildet. Von dort nach Süden über einen seichten Rücken abwärts, auf Karrenweg zum Weiler ❻ **Matzlaun** (1466 m) und schließlich über die Maierhöfe zurück zum Ausgangspunkt.

Die Seespitze über dem Kessel der Stierbergalm

Links: Gut beschildert

Mandlspitz (Korb)

Trittsichere Bergwanderer können in die Tour einen Abstecher zum Mandlspitz (2395 m) einbinden, zumal man ganz nah daran vorbeikommt. Das Aussichtserlebnis erfährt damit nochmals eine Steigerung. Der Aufwand von 300 zusätzlichen Höhenmetern erfordert hin und zurück etwa 1.30 Std.

Fast vergessen vom Tourismus

Der Deutschnonsberg ist ein ausgesprochen heiter wirkender Landstrich, nach Süden hin offen und ohne strengere Züge, vernachlässigt jedoch von den großen Fremdenverkehrsströmen und daher noch mit einem unverfälschten Charme behaftet. Wer in seinem Urlaub kein Brimborium, keine besonderen touristischen Events braucht, sondern einfach nur Erholung in einer möglichst stillen Umgebung sucht, sollte die Gegend einmal besuchen.

21 Schönegg und Felixer Weiher

Zur Aussicht vom Nördlichen Mendelkamm

leicht   3.30 Std.   450 Hm   10 km

**Besonderer Genuss:
Ruhe und Natur**

Talort
St. Felix (1279 m), südlich des
Gampenpasses

Ausgangspunkt
Wanderparkplatz (1389 m)
für das Gebiet um den Felixer Weiher; Zufahrt von der
Gampenstraße bei St. Felix via
Klammhöfe; Bushalt vorn an
der Gampenstraße

Gehzeiten
Aufstieg über Tillwiesen
1.45 Std., Abstieg über Felixer
Weiher 1.45 Std.; insgesamt
3.30 Std.

Aufstieg/Abstieg
Etwa 450 Hm

Anforderungen
Ganz leichte, bequeme Wald-
wanderung zu einem schönen
Aussichtspunkt. Überwiegend
flache und breite Wege, nur
zwischen Schönegg und Mo-
schen schmaler. Auch konditionell keine nennenswerten
Anforderungen, aber etwas Ori-
entierungssinn vorteilhaft.

Beste Jahreszeit
Mai bis November

Einkehr
Felixer Alm; Gasthaus Waldruhe

Karte
Tabacco, 1:25 000, Blatt 046
»Lana – Etschtal«

Der Mendelkamm ist jener weithin waldbedeckte Gebirgszug, der das Etschtal von der Tisner Mittel-terrasse bis zur Mündung des Nonstals begleitet. Während die Ostseite oft steilwandig abbricht, breitet sich nach Westen eine mittelgebirgstypisch sanfte Abdachung mit immensen Holzreservoiren aus. Dieses Gefüge bestimmt auch die Wanderung von St. Felix zum Schönegg.

Zweimal ganz unterschiedlich Schon beim Kartenstudium schien mir das Schönegg zur Aufnahme in diese Tourenaus-wahl geeignet, verspricht der nördliche Eckpunkt des Mendel-kamms doch eine tolle Schau über das Burggrafenamt. Die erste Erkundung allerdings sollte einen anderen Verlauf nehmen als erwartet. Denn von Grissian im Tisner Mittelgebirge aus gestar-tet, entpuppte sich die Sache als ruppig-abschüssiger Steilan-stieg; nicht anders auf der Variante »M« von Obersirmian, die für den Abstieg auserkoren bei einsetzendem Regen sogar bei-nahe schon heikel wurde. Das kann man Otto-Normal-Wande-rern kaum anbieten, lautete die klare Erkenntnis. Aber es gibt ja noch eine andere Seite des Berges, die offensichtlich das genaue Gegenteil vermittelt. Und so kehrte ich im späten Herbst noch einmal zum Schönegg zurück, wanderte durch die ausgedehn-ten Wälder des Nonsberges und fühlte mich dabei kaum wie im Gebirge. Bis sich plötzlich die Hangkante vor mir öffnete und die Sicht frei wurde bis hinaus nach Bozen und Meran, über den Tschögglberg Richtung Dolomiten und zum schneebedeck-ten Alpenhauptkamm. Besonders anmutig zeigt sich aus dieser Perspektive im Übrigen der Etschtalbalkon von Tisens mit sei-nem Fleckerlteppich grüner Wiesen, Wälder und Kulturen.

Durch die Bergwälder am Mendelkamm Vom **A** **Parkplatz** zu-erst nur ganz kurz der Beschilderung »Felixer Weiher« nach, hält man sich bald an einen Wirtschaftsweg in Nordrichtung und bei dessen Rechtsbiegung geradeaus weiter an einen Karren-weg. Leicht ansteigend stößt man auf eine größere Forststraße, der man fünf Minuten links abwärts folgt, bis die Markierung

Felixer Weiher

Der Felixer Weiher, auch als Tretsee bezeichnet, ist ein besonderes Naturjuwel im Deutschnonsberg. Wie ein Edelstein von den dunkelgrünen Waldwellen eingefasst, können wir an seinem Ufer so richtig die Seele baumeln lassen. Im Sommer wird manch einer auch einem Badevergnügen nicht abgeneigt sein. Das knapp vier Hektar große, fischreiche Gewässer ist übrigens 1974 unter Naturschutz gestellt worden.

56 zum Schönegg auftaucht (was sich hier etwas kompliziert liest, wird anhand der Tabacco-Karte gut nachvollziehbar; die Beschilderung vor Ort ist aber lückenhaft). Nun wieder nordwärts stets sachte ansteigend am verborgenen Graben des Höllentals vorbei an den Rand der ❶ Tillwiesen, wo unsere Route rechts abdreht und weiter durch dichte Wälder führt. Bei einer unbeschilderten Gabelung den rechten Ast wählend, nähern wir uns allmählich der Abbruchkante, wo das große Kreuz am ❷ Schönegg (1772 m) weit über das Burggrafenamt grüßt. Ein toller Überraschungseffekt! Für den Rückweg folgt man eine Weile im leichten Auf und Ab der Kammroute Nr. 50 Richtung Moschen. Auf der lieblichen Wiesenlichtung rechts weg ❸ und in Kürze zu einem breiten Forstweg, der in leichtem Gefälle bis in die Nähe der ❹ Felixer Alm (1630 m) führt. Sowohl hier als auch im unweit gelegenen Gasthaus Waldruhe können wir die Beine unter den Tisch strecken. Eine ebenso große Verlockung geht freilich vom verträumten ❺ Felixer Weiher (1604 m) aus. Nachdem wir uns von dieser Harmonie haben ausgiebig verzaubern lassen, schlendern wir vom Westufer aus mit Nr. 9 beschwingt über idyllische Lärchenwiesen zurück zum Ausgangspunkt.

Ein verträumtes Idyll am Deutschnonsberg ist der Felixer Weiher, mitunter auch Tretsee genannt.

22 Laugenspitze

Alpines Wahrzeichen im Süden von Meran

mittel   4.45 Std.   920 Hm   9 km

**Besonderer Genuss:
Ruhe und Natur**

Talort
Unsere liebe Frau im Walde
(1355 m), am Deutschnonsberg
südlich des Gampenpasses

Ausgangspunkt
Gampenpass (1518 m), Scheitelpunkt der Straße von Lana
ins Nonstal, Bushaltestelle

Gehzeiten
Gampenpass – Laugensee
2 Std. – Großer Laugen
0.45 Std. – Laugenalm
1.20 Std. – Gampenpass
0.40 Std.; insgesamt 4.45 Std.

Aufstieg/Abstieg
Ab Gampenpass 920 Hm

Anforderungen
Markierte Bergwege mit einigen
felsigen Stellen im Gipfelbereich. Im zuweilen steilen
Gelände etwas Trittsicherheit
nötig, für geübte Bergwanderer
aber nicht schwierig, auch
nicht in konditioneller Hinsicht.

Beste Jahreszeit
Juni bis Oktober

Einkehr
Laugenalm; Gasthaus am Gampenpass

Karte
Tabacco, 1:25 000, Blatt 046
»Lana – Etschtal«

Ohne die altbekannte Laugenspitze, bei den Einheimischen meist nur »Laugen« genannt, kommt
ein Wanderbuch über das Meraner Land kaum aus.
Als Aussichtsberg ersten Ranges gerühmt, lässt
sich dort oben ein Bergraum ermessen, der vom
Alpenhauptkamm bis weit ins Trentino, von den
Dolomiten bis zu den schneebedeckten Ortlerber-
gen reicht. Klassisch ist der Anstieg vom Gampenpass.

Fast schon eine Pflichttour Wie ein Wächter steht der dop-
pelgipflige Laugen über dem Burggrafenamt. Wenn man etwa
durchs Passeiertal gen Meran hinabfährt, erscheint seine unver-
wechselbare Gestalt rechts über der Etschfurche am südlichen
Horizont. Berge, die sich so auffällig im topografischen Gefüge
postieren, genießen meistens einen hohen Bekanntheitsgrad
und einen guten Ruf als Aussichtswarte. Bei der Laugenspitze

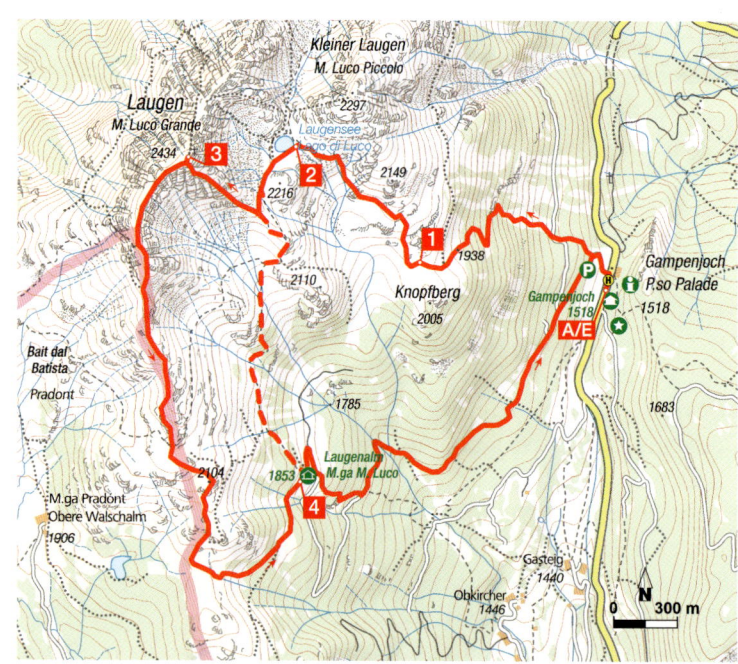

78

kommt hinzu, dass sie sich gleich von mehreren Seiten relativ problemlos besteigen lässt. Damit ist ihr ein reger Besuch garantiert. Doch wäre ihre Popularität vermutlich noch weitaus größer, hätte die Erschließungsgeschichte einen anderen Verlauf genommen: Bereits 1875 errichtete die Alpenvereinssektion Meran knapp unterhalb des höchsten Punktes eine einfache Schutzhütte. Sie ist längst bis auf den letzten Stein zerfallen. Man stelle sich einmal vor, am Laugen stünde heute ein modernes Gipfelhaus …

Breit und behäbig wirkt die Laugenspitze von Westen.

Überschreitung vom Gampenpass Unter den vielfältigen Anstiegsmöglichkeiten an diesem breit gelagerten Bergstock, der das vordere Ultental bzw. Etschtal vom Hinterland des Deutschnonsberges scheidet, bevorzugen die meisten den günstigsten Zugang vom Ⓐ **Gampenpass.** Hier startet man schon auf 1500 Meter Seehöhe und beschränkt das Pensum auf erträgliche 900 Höhenmeter. Vor allem der sonst recht ausgedehnte Waldgürtel fällt wesentlich kürzer aus, die Aussicht ist bald frei und weit.

Gegenüber vom Gasthaus begeben wir uns auf eine abgeschrankte Forststraße und sofort nach der ersten Linkskurve mit Nr. 133 rechts steil im Wald hoch. Noch nicht so recht warmgelaufen, geht der Auftakt ordentlich in die Beine. Nach

Friedliche Gipfelrast unter Gleichgesinnten

Andere Laugenwege

An einem strahlenden Herbsttag mit bester Fernsicht bin ich einmal den weiten Weg vom Ultental heraufgestiegen. Ein Wandertraum in aller Stille! Auf den 1500 Höhenmetern zwischen Mitterbad (971 m), dem einstigen Heilbad von Weltruhm, und dem Gipfel gibt es reichlich Gelegenheit für ein ausgiebiges Naturerlebnis mit physischer Herausforderung. Dabei lässt sich die Route über die urige Kitzerbichlalm mit jener via Marauner Laugenalm und Laugenhof optimal kombinieren. Lang und einsam gestaltet sich auch der Anstieg von Platzers (1278 m) über die Gfrill-Laugenalm. Einen Alternativeinstieg von Süden gibt es von Unsere liebe Frau im Walde (1355 m), während vom Hofmahdjoch (an der Straßenverbindung zwischen Ulten und Proveis) der Südwestanstieg gewählt werden kann.

rund einer Stunde lichtet sich der Hochwald. Man überschreitet den Geländerücken am ❶ **Knopfberg** und dreht nördlich der Kuppe rechts ab. Weiter an der teils felsdurchsetzten Flanke einer Geländemulde entlang. Hinter einer Karschwelle ahnen wir den ❷ **Laugensee** (2182 m) als nächstes Etappenziel. Um ihn ranken sich geheimnisvolle Sagen und Legenden wie Nebelschleier. Entdeckungslustige könnten nun rechter Hand zum Kleinen Laugen ansteigen, doch mangels eines markierten Pfades bleibt diesem Nebengipfel meist himmlische Ruhe. Stattdessen links am See vorbei und flach hinüber zum Ansatz des Südostgrates, an dem sich der steilere Schlussanstieg vollzieht. Über zerbröckelndes rötliches Gestein, das unseren Berg als westlichen Ausläufer der mächtigen Bozner Porphyrplatte ausweist, kraxeln wir gipfelwärts zur ❸ **Großen Laugenspitze** (2434 m), wo der Blick endgültig in alle Himmelsrichtungen frei wird. Weite Teile Südtirols und des südlich angrenzenden Trentino offenbaren sich jetzt wie eine aufgefaltete Landkarte: ein Panorama, das seinesgleichen sucht!

Rückweg via Laugenalm   Mit der sommers bewirtschafteten Laugenalm besteht eine besondere Verlockung, die Tour auf einer Variante zu runden. Dafür können wir vom Südostgrat über die Schulter gleich geradeaus weiter absteigen und mit dem Querweg Nr. 10 die Almhütte erreichen. Noch interessanter finde ich allerdings den Bogen über den südwestwärts ausstreichenden Kammrücken, der bald nach Süden eindreht. Dort genießt man noch eine ganze Weile die Aussicht auf die Ultner Bergwelt. Meistens geht es über angenehme Matten dahin, nur vorübergehend etwas steiler und schrofig. Man ignoriert einige nach rechts und links abzweigende Routen und setzt erst auf circa 2000 Metern zu einem markanten Linksbogen Richtung ❹ **Laugenalm** (1853 m) an. Herrliche Rast! Über eine Forststraße schließt sich der Rundkurs zum Ⓐ **Gampenpass**.

St. Hippolyt – Platzers

Idyllen im Tisner Mittelgebirge

Ein gutes Stück über dem Etschgraben gelegen, gilt die freundliche Mittelgebirgslandschaft rund um Tisens als ausgesprochen erholsam für Gemüt und Seele. Ohne alpine Strenge, aber trotzdem fern der lauten Alltagshektik taucht man hier in eine intakte, bäuerlich geprägte Welt ein, die ebenso zu Südtirol gehört wie die hohen, stolzen Gipfel. Zu entdecken beispielsweise bei einer Wanderung zum abgeschiedenen Höfeweiler Platzers ...

Lieblichkeit ist Trumpf Ihrer bevorzugten Lage wegen reicht die Besiedelung der Burggräfler Mittelgebirgsterrassen westlich und östlich der Etsch schon sehr weit zurück. Hier konnte der Mensch den sumpfigen, nur schwer urbar zu machenden Talauen entfliehen und oberhalb einer steil abfallenden Hangkante im sanft kupierten Gelände seine Rodungsinseln gründen. Wo Boden und Klima eine fruchtbare Koexistenz

leicht	4.30 Std.	800 Hm	13 km

Besonderer Genuss: Kultur am Wegrand

Talort
Tisens (614 m), auf der großen Geländeterrasse westlich über der Etsch

Ausgangspunkt
Naraun (670 m) an der Gampenstraße; Parkplatz für das Kirchlein St. Hippolyt (auch Bushalt)

Gehzeiten
Naraun – St. Hippolyt 0.15 Std. – Völlaner Bad 1 Std. – Platzers 1.30 Std. – Rückweg 4a – Naraun 1.45 Std.; insgesamt 4.30 Std.

Aufstieg/Abstieg
Insgesamt ca. 800 Hm

Anforderungen
Vollkommen leichte Wald- und Höfewanderung. Zu Teilen Forstwege, kleine Nebenstraßen und Waldwege, die vorübergehend mal etwas steiler sein können. Einzige Voraussetzung ist eine Portion Marschfreude.

Beste Jahreszeit
Fast ganzjährig

Hütten/Einkehr
Völlaner Bad; Gasthäuser in Platzers

Karte
Tabacco, 1:25 000, Blatt 046 »Lana – Etschtal«

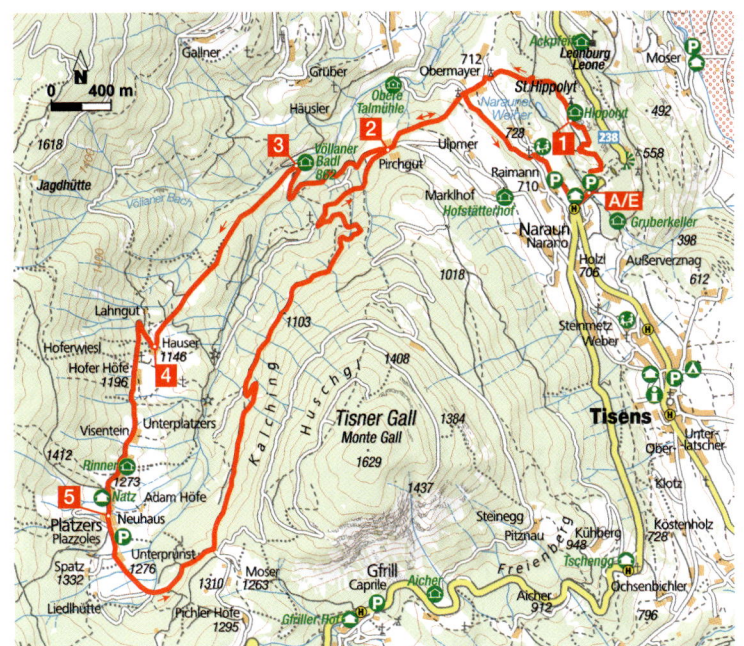

eingehen, blieb auch dem Adel nicht verborgen. Und so begrüßen uns auf dem nach Osten offenen Hochbalkon von Tisens zahlreiche Burgen, Schlösser und Ansitze, die von herrschaftlicher Vergangenheit zeugen.

Wenn wir in dieser Gegend heute auf Schusters Rappen unterwegs sind, offenbart sich eine Landschaft voller Liebreiz, parzelliert von Wäldern und Wiesen, ausgedehnten Obstgütern und Rebgärten, in die sich hübsche Dörfer, kleinere Weiler und verstreute Einzelgehöfte einbetten. Die entlegensten Einschichten gehören zum Weiler Platzers, der sich auf rund 1300 Metern hinter dem Gallberg versteckt. Hier scheint die Zeit fast stehen geblieben.

Rundtour über Platzers Doch zuvor wollen wir ein ganz besonderes Fleckchen Erde besuchen, nämlich den weithin sichtbaren Kirchbichl von ❶ **St. Hippolyt** (759 m). Vom Parkplatz ❹ **Naraun** an der Gampenstraße benötigen wir kaum viel mehr als eine Viertelstunde zur markanten Porphyrkuppe hinauf und sind dort ganz in Bann gezogen vom geschichtsträchtigen Kirchengemäuer wie vom formidablen Etschtalblick, der von Meran bis hinunter nach Bozen reicht. Auf der anderen Seite des Kirchhügels geht es über den felsdurchsetzten Hang kurzzeitig recht steil abwärts. Dann links haltend zu den Obstplantagen und Kastanienhainen beim Obermayer, über die

Rechts: Auf dieser Wanderung umgibt uns ein Mittelgebirgsambiente.

Von St. Hippolyt eröffnet sich ein toller Blick über das Etschtal.

Kreuzung mit Bildstock geradeaus hinweg (rechts nach Völlan, links zurück nach Naraun) und auf einem Waldweg (Nr. 8a) hinauf zum ❷ **Pirchgut.** Dort schwach rechts haltend, steigt man zum Brandisbach leicht ab und erreicht dahinter die Gaststätte des traditionsreichen ❸ **Völlaner Bades** (862 m). Anschließend wird auf dem phasenweise etwas steileren Waldweg Nr. 10 geradewegs das Siedlungsgebiet von Platzers angesteuert. Beim Hauserhof in ❹ **Unterplatzers** trifft man auf eine Asphaltstraße und folgt dieser immer noch leicht ansteigend an diversen Anwesen vorbei nach ❺ **Oberplatzers** (1278 m), wo sich

Das alte Kirchlein St. Hippolyt

die Kirche und zwei Gasthäuser befinden. Am Ende des Ortes vollführt die Straße einen Linksbogen und bringt uns damit zum Abzweig des Forstweges mit der Nr. 4a kurz vor dem Moserhof. Eine Stunde lang laufen wir nun in der Westflanke des dicht bewaldeten Galls abwärts, bis wir beim ❷ **Pirchgut** wieder bekanntes Terrain erreichen. Ab Obermayer schließlich am schnellsten mit dem Sträßchen oder wahlweise an der Hippolyt-Lacke vorbei zurück nach ❶ **Naraun.**

Königsloge des Burggrafenamtes

St. Hippolyt wurde 1288 erstmals urkundlich erwähnt, doch dürfte die Entstehung noch wesentlich weiter zurückreichen, worauf nicht zuletzt das Patrozinium des römischen Soldatenheiligen Hippolytus hindeutet. Vermutlich stand auf diesem exponierten Hügel auch das von den Franken im 6. Jahrhundert zerstörte Langobardenkastell Tesana (Ursprungsdeutung des Namens »Tisens«). Und Archäologen konnten sogar prähistorische menschliche Zeugnisse seit der Jungsteinzeit nachweisen, etwa anhand von alten Wegrelikten, Schalensteinen oder rätselhaften Felszeichnungen. Verwunderlich erscheint dies angesichts der außergewöhnlichen Topografie des Ortes keineswegs.

24 Prissian und Untersirmian

Schmucke Bergdörfer und ein »Erlebnisweg«

leicht 4 Std. 600 Hm 11 km

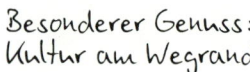
Besonderer Genuss: Kultur am Wegrand

Talort
Nals (313 m) im Etschtal

Ausgangspunkt
Parkplatz im Zentrum von Nals
(ca. 300 m)

Gehzeiten
Nals – Beginn Erlebnisweg
0.55 Std. – Rundweg 1
Std. – Prissian 0.20 Std. –
Untersirmian 1 Std. – Nals
0.45 Std.; insgesamt 4 Std.
(bei sehr ausführlichem Erkun-
den des Erlebnisweges auch
etwas länger)

Aufstieg/Abstieg
Gut 600 Hm

Anforderungen
Teils normale Wanderwege, zwischendurch mit steileren Ab-
schnitten, teils auch Straßen.
Die Höhenmeter summieren
sich nennenswert auf, deshalb
etwas Ausdauer angezeigt.

Beste Jahreszeit
Fast ganzjährig

Einkehr
Nals; Prissian; Untersirmian

Karte
Tabacco, 1:25 000, Blatt 046
»Lana – Etschtal«

Liebliche Dörfer inmitten einer gepflegten Kulturlandschaft, das Charisma von altehrwürdigen Burganlagen und Herrenansitzen sowie ein interessanter
Natur-Erlebnisweg sind die vielschichtigen Ele-
mente dieser vorderhand vielleicht unspektakulär
wirkenden Wanderung in niedrigen Gefilden. Ein
weiterer Beweis dafür, wie viel es im Burggrafenamt auch im Kleinen zu entdecken gibt …

Entdeckungen am Vorbichl Das Tisner Mittelgebirge wird zum
Etschtal hin durch einen wenig prägnanten, bewaldeten Höhenrücken begrenzt. Durch intensive Schafbeweidung war dieser
Vorbichl vor Zeiten sogar waldfrei, bevor sich dort wieder na-
türliche Pflanzengesellschaften mit Kiefern, Fichten und Wach-
holdern etablieren konnten. Auf einem liebevoll gestalteten

Entdeckung in den Feucht-
biotopen

84

Prissian liegt mit seinen traditionsreichen Adelsansitzen auf einer weitläufigen Terrasse oberhalb des Etschtals.

Erlebnisweg werden solch naturkundliche Themenstellungen aufgegriffen und im Zuge mehrerer Stationen dem Interessierten erklärt – etwa über verschiedene Baum- und Pflanzenarten, die Bedeutung der Feuchtbiotope oder die historischen Nutzungen. Anschließend können wir das Flair des von mehreren stolzen Ansitzen dominierten Dorfes Prissian auf uns wirken lassen, bevor mit Untersirmian noch ein kleinerer Weiler besucht wird – alles zusammen auf einer vierstündigen Runde über den idyllischen Geländebalkon westlich der Etsch.

Von Nals auf die Mittelgebirgsterrasse In Ⓐ **Nals** gehen wir zur Mündung des Grissianer Grabens nahe der Stachelburg und folgen

Reich an Sehenswürdigkeiten

Dass der Adel den Ortschaften des Tisner Mittelgebirges seinen Stempel aufgedrückt hat, wurde bereits erwähnt. In Völlan beispielsweise locken die trutzige Mayenburg und die Kirche als Wahrzeichen sowie ein Bauernmuseum Kulturinteressierte an. Auch Tisens besitzt eine prächtige Pfarrkirche, während das benachbarte Prissian besonders stolz ist auf seine mittelalterlichen Schlösser Fahlburg, Wehrburg, Zwingenburg und nicht zuletzt Katzenzungen, wo Europas größte Weinrebe, eine weiße Versoalner-Traube, reift. Ihr 350 Quadratmeter großes Laubdach stammt aus einem einzigen Wurzelstock.

Das Burggrafenamt ist reich an herrschaftlichen Kulturgütern.

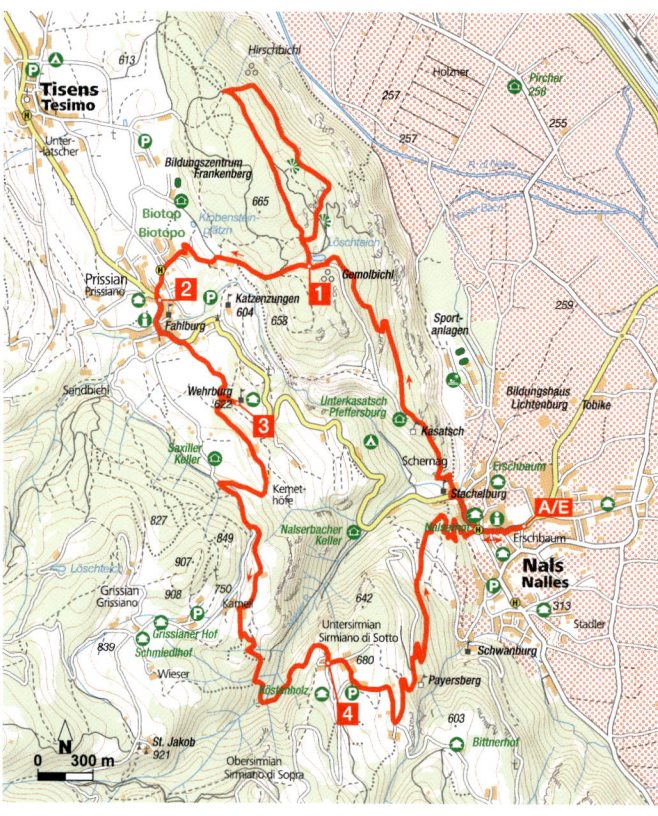

dem Hinweis auf den »Erlebnisweg«. Unser Steig zieht über die erste Geländestufe im Gehölz gleich steil an. Bei einer Obstplantage nähert man sich Unterkasatsch (Einkehrmöglichkeit), bleibt jedoch rechts am Wanderweg und tritt hinter der Plantage wieder in den Wald ein. Teils kräftig steigend geht es bis P. 583 und damit zum Beginn des Erlebnisweges am ❶ **Vorbichl**. Hier ist ein etwa zwei Kilometer langer Rundkurs mit diversen Stationen ausgewiesen und ideal in die Wanderung einzubinden. Nach dieser Schleife steuern wir auf einer verkehrsarmen Straße mit zwischenzeitlich leichtem Gefälle das nahe Dorf ❷ **Prissian** (624 m) an – ein Schmuckstück des Burggrafenamtes! Wir gehen bis ins Zentrum und achten hinter der Brücke auf die Zufahrt zur ❸ **Wehrburg**. Daran vorbei geht es zu den Kemethöfen, ehe ein kurzzeitig steiler Waldweg die Verbindung zur Grissianer Straße herstellt. Schon kurz darauf verlassen wir diese, passieren die Höfe Maier am Turm und Karneil (750 m) im höchsten Abschnitt der Wanderung und tauchen in den tief eingeschnittenen Grissianer Graben ab. Der Gegenanstieg leitet links heraus nach ❹ **Untersirmian** (680 m). Von dort folgt man der Bergstraße, kurz hinter Payersberg einer Abkürzung und zuletzt dem Nachtigallenweg hinunter nach ❹ **Nals**.

Über den Salten

Höhenwandern zwischen Langfenn und Tschaufen

leicht   4 Std.   500 Hm   4 km

»Das Geheimnis des Salten ist der Zauber seiner Lärchenhaine, der schüttere Bestand hoher, schlanker Stämme inmitten von Naturrasen, der nur einmal im Jahr gemäht wird, und die unglaublich farbintensive Flora, gestreut in das Grün kurzer Gräser. Diese Wunder bleiben von Frühjahr bis zum späten Herbst mit wechselnden Farben unter hohem Himmel nur dem Wanderer vorbehalten [...]«

Im Bauernland   Die fast pathetischen Worte, die Sepp Schnürer über diese Landschaft findet, dürften jedem aus dem Herzen sprechen, der dort oben auf dem weitläufigen Plateaurücken zwischen Etsch- und Sarntal schon einmal unterwegs gewesen

Besonderer Genuss: Ruhe und Natur

Talort
Verschneid (1104 m), am Westhang des Tschögglbergs; Zufahrt aus dem Etschtal von Terlan

Ausgangspunkt
Parkplätze im Ortskern von Verschneid, z.B. bei der Kirche; auch Busanschluss

Gehzeiten
Verschneid – Langfenn
1.30 Std. – Salten – Wieser
1.15 Std. – Tschaufenhaus
0.45 Std. – Verschneid
0.30 Std.; insgesamt 4 Std.

Aufstieg/Abstieg
In Summe ca. 500 Hm

Anforderungen
Sehr beschauliche Wanderung durch lichte Wälder und Lärchenwiesen. Meist breite, unbeschwerliche und kaum jemals steile Wege, in Ortsnähe auch Straßen. Die ganze Strecke verlangt ein wenig Marschtüchtigkeit.

Beste Jahreszeit
April oder Mai bis November

Hütten/Einkehr
Langfenn; Wieser; Tschaufenhaus

Karte
Tabacco, 1:25 000, Blatt 046 »Lana – Etschtal«

ist. Alpingeografisch handelt es sich um den sanft nach Süden ausstreichenden Ausläufer der Sarntaler Alpen, im Ganzen als Tschögglberg, im südlichen Teil zwischen Langfenn und Jenesien allgemein auch als Salten bezeichnet. Ein flacher Buckel, herausgehoben aus den lichtdurchfluteten Lärchenwiesen des Salten, trägt den stattlichen Hof Langfenn samt romanischem Kirchlein St. Jakob – das schönste und beliebteste Fleckchen Erde weit und breit. Bei Sonnenschein ist die Jausenstation

Das Gehöft von Langfenn ist ein beliebter Anlaufpunkt auf dem Hochplateau des Salten.

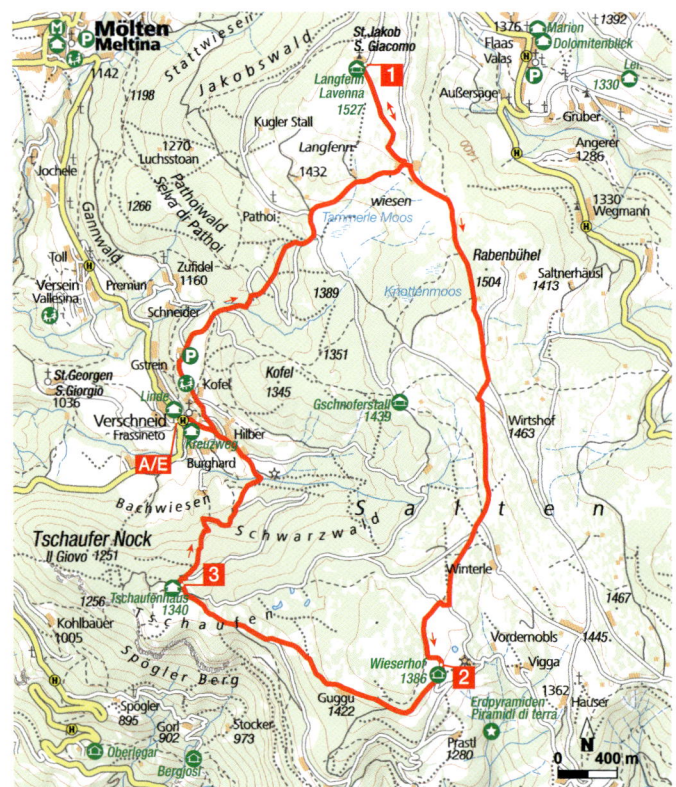

Blick über die offene Landschaft bei Vordernobls bis zu den Dolomiten am Horizont

stets gut besucht; auch wir wollen Langfenn zum ersten Anlaufpunkt unserer Salten-Runde küren, dann aber noch weit nach Süden ausholen, um möglichst reichhaltige Impressionen mitzunehmen. Als Einstiegsort sei das hübsche Bergdörfchen Verschneid vorgeschlagen; Alternativen möge jeder aus einer guten Karte selbst herauslesen. Das Wegenetz am Salten und am gesamten Tschögglberg ist so dicht gesponnen, dass man immer wieder gern zurückkehrt, um noch eine andere Variante auszuprobieren.

Hinauf nach Langfenn   In **Ⓐ** Verschneid wählen wir zuerst die Bergstraße zum **Gstreinhof** (letzte Parkmöglichkeit, ab hier gesperrt) und folgen weiter der Bezeichnung »L« für Langfenn. Bald kürzt man die Straßenschleifen ab, kommt beim Tammerlemoos auf einen der breiten Naturwege, wie sie typisch für die Gegend sind, und durchmisst nun die bezaubernden Lärchenbestände der Langfennwiesen. Mit Einmündung auf den wichtigen Weg Nr. 1 (auch als E5 ausgewiesen) geht es nach links per Abstecher noch circa 15 Minuten bis zum beeindruckenden Gehöft **❶ Langfenn** (1527 m). Der freie Wiesenhügel gewährt eine prächtige Aussicht nach allen Seiten, wobei be-

sonders imposant die Berge der Texelgruppe in Erscheinung treten. Historisch wird immer wieder vom legendären Langfenner Kirchtag berichtet, als hier oben ein großer Markt abgehalten wurde und es regelmäßig zu wüsten Raufereien gekommen sein soll ...

Rundtour über den Tschaufen Auf unserer Wanderung gen Süden folgen wir anschließend weiter dem »Einser«, der frequentierten Hauptachse am Salten. Die ausgedehnten Lärchenwiesen, immer wieder mit verstreuten Stadeln besetzt, bleiben das Hauptmerkmal der

St. Jakob, das alte Kirchlein bei Langfenn

Landschaft. Nur während der minimalen Gegensteigung am Rabenbichl ist der Wald vorübergehend auch mal dichter. Nachdem einige Abzweigungen zum Gschnofer Stall passiert sind, schlägt man Route Nr. 10 nach rechts ein und verabschiedet sich damit auf einen einsameren Weg. Er führt weiterhin über angenehmes, oft aussichtsreiches Wiesengelände und nähert sich der Tschaufenhöhe, deren waldige Kuppe knapp rechts bleibt bzw. über den ❷ **Wieserhof** (1386 m, Ausschank) zum guten Teil umrundet wird. Mit Markierung 2 weiter zum Guggenhof und nach einem leicht fallenden Steig erneut auf breiter Trasse zum ❸ **Tschaufenhaus** (1304 m), das »Urlaub auf dem Bauernhof« in sonnenreicher Lage offeriert. Für eine Schlusseinkehr kommt uns die Gelegenheit gerade recht, bevor wir auf einem Waldsteig und der Forststraße am Mandlerhof vorbei nach ❹ **Verschneid** zurückkehren.

Lieblicher Salten

Seit mindestens 1000 Jahren von fleißiger Bauernhand gestaltet und gepflegt, mutet die Szenerie auf dem weitläufigen Höhenrücken an wie ein großer Park. Besonders schön ist es am Salten im Herbst, wenn die Lärchen goldenen Farbglanz unter stahlblauem Himmel versprühen. Auch Pferde und Kühe harren oft bis zum ersten Schnee aus und hauchen der Landschaft archaisches Leben ein.

26 Zum Knottnkino

Logenplatz am Rotenstein bei Vöran

leicht   2.15 Std.   300 Hm   7 km

Besonderer Genuss: Aussicht

Talort
Vöran (1200 m), auf der Mittelgebirgsterrasse östlich der Etsch

Ausgangspunkt
Hotel Grüner Baum (1310 m), etwas außerhalb von Vöran an der Straße Richtung Mölten; Bushaltestelle

Gehzeiten
Hinweg über Schützenbründlweg 1 Std., Rückweg über Egger 1.15 Std.

Aufstieg/Abstieg
Hin und zurück ca. 300 Hm

Anforderungen
Sehr einfache Wald- und Wiesenwege, zwischendurch auch Höfestraßen. Außer ein paar Wurzeln, über die man stolpern könnte, gibt es keinerlei Hindernisse, somit für jedermann empfehlenswert.

Beste Jahreszeit
April bis November

Einkehr
Grüner Baum

Karte
Tabacco, 1:25 000, Blatt 011 »Meran und Umgebung«

In den Mittelgebirgswellen des Tschögglbergs versteckt sich so manches Kleinod. Dass es dort auf hervorragenden, höheren Gipfeln durchaus ebenbürtige Aussichtswarten gibt, beweist der Rotenstein bei Vöran. Auf dem Plateaufelsen, der den Wäldern und Wiesen um Vöran entragt, hat man vier Reihen Kinostühle aufgestellt, damit Besucher so richtig ins Panorama versinken können.

Ein Kinobesuch der anderen Art   Das sogenannte »Knottnkino« auf dem aus gebietstypischem roten Bozner Porphyr aufgebauten Rotenstein ist nach Westen ausgerichtet, also gegen Lana sowie die Ultner Berge, und lässt uns das Etschtal von Meran bis weit nach Süden überblicken. Das mag dazu einladen, diese Kanzel einmal zum Sonnenuntergang aufzusuchen, um dann einer ganz romantischen »Vorstellung« beizuwohnen. Ein langer Abstieg in der Dunkelheit ist ja nicht zu befürchten.

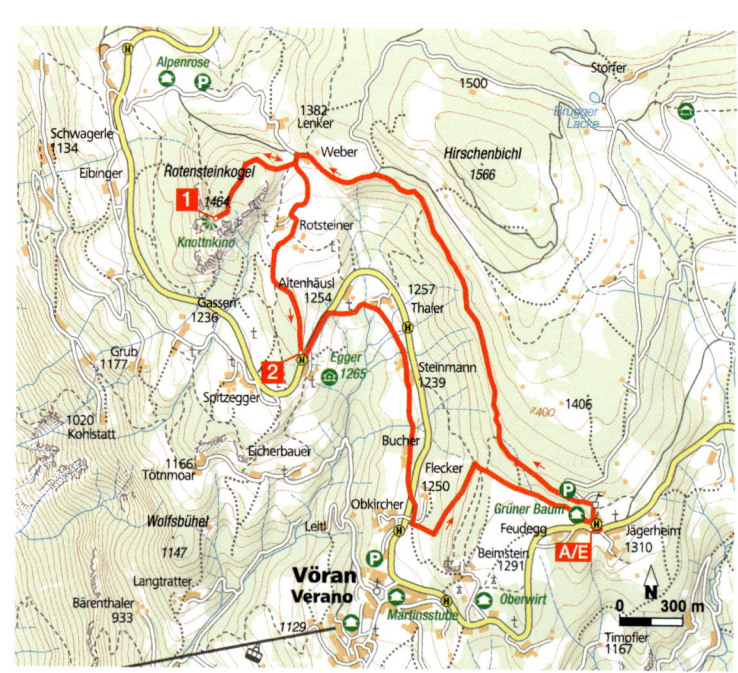

Vom Gasthof Alpenrose (zwischen Hafling und Vöran) wäre es gar nur ein Katzensprung hinauf. An dieser Stelle sei jedoch der – ebenfalls kaum ausufernde – Zugang vom Hotel Grüner Baum über den angenehmen, schattigen Schützenbründlweg beschrieben und für den Rückweg eine Variante über die Streuhöfe nahe Vöran.

Am Rotenstein: Loge frei für ein grandioses Naturschauspiel

Links: Blick über die mittelgebirgstypische Landschaft bei Vöran

Genusswanderung bei Vöran Vom **Ⓐ Parkplatz beim Hotel Grüner Baum** schlagen wir mit Nr. 12A den besagten Schützenbründlweg ein und wandern nordwärts kaum ansteigend am Waldhang entlang. Später treffen wir auf einen Wirtschaftsweg und kommen am Weberhof vorbei zum Abzweig des finalen Stichweges. Dieser führt auf die bewaldete Kuppe des **Rotensteins** (1465 m) hinauf, wo uns die Markierungen schließlich zum Vorsprung mit dem **❶ Knottnkino** lotsen – fürwahr ein Überraschungseffekt!

Beim Rückweg wählen wir die abwärts führende Höfestraße zum **❷ Egger**, wo man auf die Hauptstraße trifft. Dann jedoch etwas abseits von dieser mit Nr. 12 bezeichnet weiter Richtung Vöran und kurz vor dem Ort mittels Gegensteigung durch den Wald zurück zum **Ⓐ Grünen Baum**.

Das etwas andere Kino

Wenn wir mit »Kino« gemeinhin die Vorführung bewegter Bilder verbinden, dann brauchen wir an diesem Fleck ein ausgeprägtes Faible für die Langsamkeit. Anstelle eines »Action-Filmes« erwartet uns nur das stille Dahintreiben der Wolken am Himmel über dem Etschtal, während die Bergwelt sowieso über ganz andere Zeitdimensionen gleichsam unverrückbar dasteht. Zu langweilig? Das kommt wohl ganz auf unsere innere Einstellung an – und auf die Bereitschaft zur Entschleunigung …

Stoanerne Mandln

Ein Kultplatz voller Mystik

mittel · 6 Std. · 950 Hm · 20 km

Besonderer Genuss:
Ruhe und Natur

Talort
Hafling (1322 m), am Westhang des Tschögglbergs; Abzweig der Bergstraße zwischen
Meran und Schenna

Ausgangspunkt
Parkplatz unterhalb der Kir-
che in Hafling Dorf (1290 m,
Bushalt)

Gehzeiten
Hafling – Mittelberghöfe
0.30 Std. – Moschwaldalm
1 Std. – Kreuzjöchl 0.45 Std. –
Stoanerne Mandln 1.30 Std. –
Voräner Alm 0.45 Std. – Wurzeralm 0.30 Std. – Hafling
1 Std.; insgesamt 6 Std.

Aufstieg/Abstieg
Etwa 950 Hm

Anforderungen
Vom Gelände her leichte, aber
ziemlich lange Wanderung,
die Ausdauer verlangt. Über
die Almen meist breite Wirtschaftswege, am Höhenrücken
schöner, sehr angenehmer
Wanderweg mit mäßigem Auf
und Ab.

Beste Jahreszeit
Je nach Schneelage Mai oder
Juni bis Oktober oder gar in den
November hinein

Einkehr
Moschwaldalm; Maiseralm;
Voräner Alm; Wurzeralm

Karte
Tabacco, 1:25 000, Blatt 011
»Meran und Umgebung«

Ein geschichtsträchtiges Land wie Südtirol ist na-
turgemäß auch reich an sagenumwobenen Plätzen.
Nicht selten befinden sich diese sogar in alpinen
Höhen, so wie die gewaltige Ansammlung von
Steinmännern, die sich um das Wetterkreuz auf
der Großen Reisch scharen. Ist die kahle Anhöhe
tatsächlich ein Versammlungsort der Hexen, wie
die Legende glauben machen will?

Sagenhaftes auf der Großen Reisch Wo der Tschögglberg mit
seinem Plateaurücken bis knapp über 2000 Meter Höhe ansteigt, formieren sich die sogenannten »Stoanernen Mandln«
auf einer weitläufig abgerundeten Gipfelkuppe, die den ur-
sprünglichen Namen Große Reisch trägt. Nun, Steinmännchen
sind im Gebirge ja wirklich nichts Ungewöhnliches, doch die
Vielzahl der Skulpturen an diesem Ort vermag uns doch zu
verblüffen. Womöglich sind sie im Laufe vieler Hirtengene-

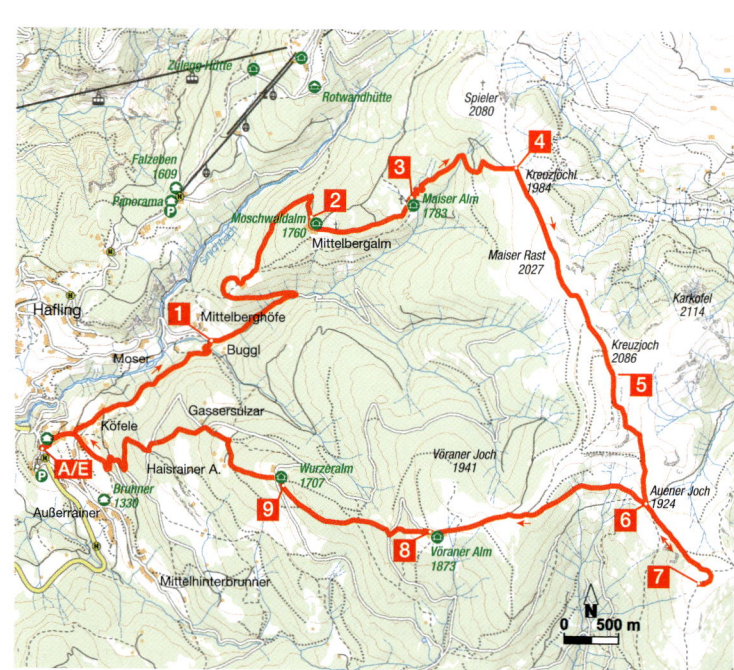

rationen einfach aus Zeitvertreib aufgeschichtet worden; eine schriftliche Erwähnung reicht immerhin bis ins 16. Jahrhundert zurück. Es soll aber auch Anhaltspunkte dafür geben, dass sich hier schon in vorchristlicher Zeit eine Kultstätte befunden hat. Die Alten raunten gar von exzessiven Hexenorgien, bei denen böse Unwetter gemacht worden seien. Wenn man bei schönstem Sonnenschein dort oben verweilt und das Panorama zwischen Ortlereis und Dolomitenfels genießt, tut man sich wohl schwer mit dieser unheimlichen Vorstellung. Was aber, wenn an einem trüben Tag Nebelfetzen unheilschwanger um die kahle Kuppe treiben …

Vier Almen und ein weiter Kammrücken Die berühmten Stoanernen Mandln möchte ich hier in eine ausgedehnte Almrundtour einbinden, die ihren Ausgang in der anmutig und idyllisch am Sonnenhang gelegenen Streusiedlung **Ⓐ Hafling** nimmt. Nach Start beim großen Parkplatz wandern wir zunächst zu den abgelegenen **❶ Mittelberghöfen** (1397 m), wo

Ein Hauch von Mystik umweht die Stoanernen Mandln auf der Großen Reisch.

die Forststraße zur ❷ **Moschwaldalm** (1742 m) beginnt. Über deren Windungen gestaltet sich die nächste Stunde etwas eintönig, wobei man ab einer Lichtung jedoch über einen Fußsteig abkürzen und gleich weiter zur ❸ **Maiser Alm** (1797 m) marschieren kann (Nr. 15). Der Fahrweg schraubt sich anschließend noch bis gegen die freie Kammhöhe empor, die beim ❹ **Kreuzjöchl** (Bildstock, 1984 m) erreicht wird.

Unten: Rast am Kreuzjöchl

Haflings ganzer Stolz

Die Gegend um Hafling ist die Heimat der bekannten gleichnamigen Pferderasse, die mit hellbraunem Fell und blonder Mähne sowie ihrer Wuchshöhe von bloß um die ein Meter vierzig nicht nur alle Kinderaugen zum Leuchten bringt. Die Haflinger gelten als zäh und ausdauernd und eignen sich für den Arbeitseinsatz ebenso wie als Reit- und Freizeitpferd. Auf den Hochweiden am Tschögglberg wird man ihnen stets irgendwo begegnen.

Nach der Pflicht beginnt jetzt die Kür! Wir kehren dem Ifinger den Rücken, fädeln südwärts in den E5 ein und steigen sachte an. Nahe an der **Maiser Rast** vorbei markiert die nächste abgeflachte Kuppe des ❺ **Kreuzjochs** (2086 m) den höchsten Punkt der Tour. Dahinter verlieren wir zum ❻ **Auener Jöchl** (1926 m) wieder ein paar Höhenmeter, bevor die legendären Stoanernen Mandln auf der ❼ **Großen Reisch** (in der Tabacco-Karte auch Schöneck, 2003 m) anvisiert werden. Wirklich ein seltsamer Ort, aber auch mit großer Aussicht in alle Richtungen der Windrose gesegnet.

Zurück am Auener Jöchl wählen wir für den Rückweg Markierung 2 gen Westen. Sie leitet in eine Hangmulde hinab, steigt dann nochmals etwa 50 Meter an und steuert als breiter Karrenweg die stattliche ❽ **Vöraner Alm** (1873 m) an: ein beliebtes Ausflugsziel für viele, die von Hafling aus nicht gar so weit wandern möchten. Ob man sich die köstliche Marende hier schmecken lässt oder erst nach dem folgenden Waldabschnitt bei der ❾ **Wurzeralm** (1707 m), ist einerlei – das idyllische Tierleben wird uns beiderorts gefallen.

Auf dem streckenweise etwas holprigen Waldweg Nr. 2 kehren wir dann schließlich mit diversen Richtungswechseln nach Ⓐ **Hafling Dorf** zurück.

Rund um den Ifinger

Im Bannkreis eines Meraner Wahrzeichens

mittel 6.30 Std. 1200 Hm 14 km

Der Ifinger gehört in seiner markanten, scharfkantigen Gestalt zu den unverwechselbaren Charakterbergen des Meraner Landes. Sein Gipfelaufbau ist nicht ganz einfach zu erklimmen und klettersteigartig gesichert. Man kann das Massiv aber auch auf abwechslungsreichen Wegen umrunden.

Gegensätze um Meran 2000 Die Südseite des Ifingers, das Gebiet um die Piffinger und Kirchsteiger Alm, tourismusaffin mit dem seelenlosen Namen Meran 2000 bedacht, ist durch zwei Seilbahnen und zahlreiche Skilifte stark erschlossen. Unübersehbar klaffen die Wunden in der Landschaft, doch offenbar schreckt dies weit weniger Wanderer ab, als man meinen möchte. Im Gegenteil: Die Aufstiegshilfen werden gern angenommen, um erschwernislos in die Höhe zu gelangen und – mit ein bisschen Schneid – vielleicht sogar den Großen Ifinger zu besteigen. Diesen hätte man dann sogar schneller »in der Tasche«

Besonderer Genuss: Ruhe und Natur

Talort
Schenna (584 m), auf einer Hangterrasse nordöstlich von Meran

Ausgangspunkt
Bergstation Taser (1450 m), Seilbahn von der Pichlerstraße im Oberdorf von Schenna (Bushalt an der Talstation beim Gasthaus Pichler, 826 m)

Gehzeiten
Taser – Streitweider Alm 0.50 Std. – Oswaldscharte 2.10 Std. – Meran 2000 1.00 Std. – Ifingerscharte 1.15 Std. – Ifingerhütte 0.30 Std. – Taser 0.45 Std.; insgesamt 6.30 Std.

Aufstieg/Abstieg
In Summe ca. 1200 Hm, davon 900 Hm Aufstieg bis zur Oswaldscharte

Anforderungen
Teils anspruchsvolle Bergwanderung mit einer längeren Steigungsstrecke zur Oswaldscharte und den schwierigsten Passagen zwischen Meran 2000 und Ifingerscharte (im Steilgelände teils heikle Rinnenquerungen mit gewisser Steinschlaggefahr, vereinzelt Sicherungen). In den tieferen Bereichen gute Waldwege.

Beste Jahreszeit
Mitte Juni bis Mitte Oktober

Hütten/Einkehr
Taser; Streitweider Alm; Kuhleitenhütte; Ifingerhütte

Karte
Tabacco, 1:25 000, Blatt 011 »Meran und Umgebung«

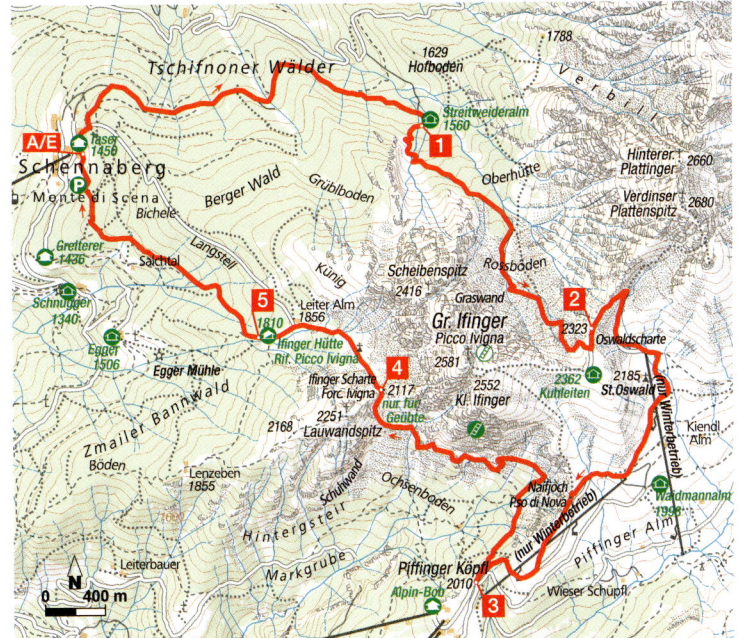

Rechts: Dräuend baut sich der Ifinger über uns auf.

Unten: Die Traverse zur Ifingerscharte ist etwas knifflig.

als unsere großzügige Umrundung, für die wir zwar ebenfalls eine Aufstiegshilfe nutzen, gleichwohl aber in naturbelassener Umgebung starten. Vom Taser, 1000 Meter über dem vorderen Passeier gelegen, bieten sich ja eine Reihe schöner Touren an (siehe auch das folgende Kapitel).

Auf den Großen Ifinger

Der Normalweg beginnt in Meran 2000 bei einer der beiden Bergstationen und folgt dem beschriebenen Weg zur Oswaldscharte in umgekehrter Richtung. Wirklich anspruchsvoll ist nur das letzte Stück, wo der Kleine Ifinger auf nordseitigem Band umgangen und aus der Einschartung über raue, kompakte Granitplatten der höchste Punkt (2581 m) erklettert wird. Drahtseile entschärfen diese Passagen, dennoch erfordern sie absolute Schwindelfreiheit und Trittsicherheit; Aufstieg ab Seilbahn 2.15 Std.

Über Oswald- und Ifingerscharte

Von der Bergstation beim **Ⓐ Taser** nehmen wir den guten Waldweg (zwischendurch Forststraße) durch den Nordhang der Tschifoner Wälder. Bald landen wir auf einem leichten prickelnden bandartigen Wegabschnitt quer durch Steilgelände und gelangen zur Jausenstation der **❶ Streitweider Alm** (1560 m). Oberhalb wird der Weg nach einigen gut ausgebauten Kehren etwas holpriger. Man tritt aus Wald und Strauchwerk heraus auf die Rossböden, holt im Kar etwas nach links aus und steigt teilweise recht steil und blockig bis zur **❷ Oswaldscharte** (2323 m) an. Nur wenig entfernt steht auf einem Vorsprung der Kammhöhe zum Ifinger die sommers wie winters bewirtschaftete Kuhleitenhütte.

Jenseits zieht ein Karrenweg mit einer Schleife zur Skistation – etwas abseits steht das Oswaldkirchlein – und weiter abwärts ins stark frequentierte Einzugsgebiet von Meran 2000. Achtung: Der in manchen Karten verzeichnete Steig, der direkt vom Naifjoch in den Steiltrichter abzweigt, ist vermurt und nicht

gangbar. Wir müssen also bis zum ❸ **Sattel P. 1902** kurz vor dem Piffinger Köpfl hinunter, wo wir mit Nr. 18 scharf rechts abzweigen. Mit etwas Höhenverlust geht es quer durch die licht bewaldete Hangmulde und anschließend teils kräftig steigend, teils querend über diverse Rippen und Rinnen hinweg. Die Rinnen sind mitunter unangenehm im Schotter zu kreuzen und offensichtlich auch steinschlaggefährdet. Nach einer Weile gelangen wir in Falllinie der ❹ **Ifingerscharte** (2117 m) und mühen uns über Geröll und Schrofen steil in diese hinauf. Auf der Nordseite führt ein passabler Kehrenweg in ein Blockkar hinab. Wir passieren die Kapelle zum Gedenken abgestürzter Bergsteiger (der Ifinger ist ja auch ein richtiger Kletterberg!) und lassen die Schritte über Wiesen Richtung ❺ **Ifingerhütte** (1810 m) auslaufen. Von dort schließt sich der Kreis mit Weg Nr. 18A, der im Schrägabstieg durch Wald wieder zum ❹ **Taser** führt.

Gemütlicher Ausklang auf der Ifingerhütte

Abseits von Meran 2000

Zwar kommen wir auf dieser strammen Wanderung über zwei Scharten peripher auch mit dem harten Tourismus um Meran 2000 in Berührung, finden daneben aber reichlich Ursprünglichkeit und manch heimeliges Plätzchen. So wird man wahrscheinlich die letzte Rast auf der Ifingerhütte, die noch ganz urig anmutet, so lang wie möglich auskosten …

Taser Höhenweg

Mit Rückweg über den Schenner Waalweg

leicht 4 Std. 400 Hm 11 km

Besonderer Genuss: Einkehr

Talort
Schenna (584 m), auf einer
Hangterrasse nordöstlich von
Meran

Ausgangspunkt
Bergstation Taser (1450 m),
Seilbahn von der Pichlerstraße
im Oberdorf von Schenna (auch
Bushalt an der Talstation beim
Gasthaus Pichler, 826 m)

Gehzeiten
Taser – Egger 0.40 Std. –
Gsteier 1 Std. – Vernaun
1.10 Std. – Talstation/Gasthaus
Pichler 1.10 Std.; insgesamt
4 Std.

Aufstieg/Abstieg
Knapp 400 Hm Aufstieg,
1000 Hm Abstieg

Anforderungen
Wenig schwieriger Höhenweg
mit geringen Höhenunter-
schieden, stellenweise etwas
Trittsicherheit angenehm. Nach
Abstieg über Asphaltstraße mit
Abkürzern wiederum komfortabler Waalweg durch Obstplantagen und Wald.

Beste Jahreszeit
April oder Mai bis Anfang November

Einkehr
Taser; Greiterer; Egger; Gsteier;
Brunjaun

Karte
Tabacco, 1:25 000, Blatt 011
»Meran und Umgebung«

Großer Beliebtheit erfreuen sich beim Wandervolk immer wieder die gut angelegten Flankenwege auf halber Höhe, die nicht nur packende Ausblicke über Tal und Berg bieten, sondern möglichst auch die eine oder andere Einkehrstation verbinden. Genau diese Merkmale finden wir beim Taser Höhenweg am Schennerberg – eine prima Tour für alle genussverwöhnten Südtirolfreunde.

Schennas schönste Wandermeilen Als Bauernhof schaut der Taser seit Urzeiten aus seiner Rodungsinsel auf das vordere Passeiertal hinab, gegenüber die herben Kammzüge der Texelgruppe. Die Touristik hat Almgasthöfe und Chalets dazugesellen lassen und zudem eine Seilschwebebahn, mit der ein attraktives Wandergebiet der Talgemeinde Schenna erschlossen wird. Es ist ein regelrechtes Gewirr von Wegen, die den meist bewaldeten Westabhang des Ifinger-Massivs von der Reblage am mild temperierten Bergsockel bis in die Geröll- und Felsregion kreuz und quer durchziehen. Besonders reizvoll dünkt mir die Strecke zum Gasthaus Gsteier über dem Naiftalgraben, auch als klassischer Taser Höhenweg bekannt.

Über den Egger zum Gsteier Nach der Bergfahrt geht es in südlicher Richtung zunächst auf einer Fahrstraße horizontal zum ❶ **Greitererhof** (1436 m), wo man bereits vollkommen vom großen Meran-Panorama gefesselt wird. Jetzt auf kleinerem Wiesenweg weiter, der augenblicklich im Wald verschwindet; die Markierung 40 ist für den ganzen Höhenweg gültig. Als Nächstes wird der Einschnitt des Schnuggenbachs ausgegangen, ehe man beim schön gelegenen ❷ **Egger** (1506 m) ankommt. Viele Ausflügler betrachten diese Jausenstation bereits als Umkehrpunkt. Wir laufen indessen weiter an der Egger Mühle vorbei und gehen damit einen weiteren, seichteren Graben aus. Nach einem Stück vornehmlich bergauf – zwischendurch kurz auf einer Forststraße – erreicht man den höchsten Bereich des Weges (ca. 1600 m) und den Abzweig nach Lenzeben/Ifingerhütte. Um den Waldrücken herum auf etwas

holpriger Trasse teils absteigend, teils querend zu einer großen Wiesenlichtung, an deren unteren Rand uns das Gasthaus ❸ **Gsteier** (1372 m) mit seinen kulinarischen Köstlichkeiten erwartet.

Lieblicher Ausklang am Waal Zum Gsteier führt vom Tal eine asphaltierte Bergstraße hinauf, deren Abschneider wir für den Abstieg vorziehen. Wer mag, kann dann den Raststeinweg einschlagen oder etwas tiefer über ❹ **Schloss Vernaun** (701 m) in den beliebten **Schenner Waalweg** einfädeln. Dem Masulbach oberhalb Verdins abgezapft, wird das lebensspendende Nass über mehr als sieben Kilometer quer durch die Obstflur oberhalb Schenna geleitet und nach althergebrachter Ordnung zur Bewässerung bereitgestellt. Wir folgen dem meist offen geführten Waal gegen seinen Lauf, d.h. behutsam aufwärts, wobei die stets perfekt in Schuss gehaltene Trasse wechselweise Obstlagen und bewaldete Areale durchmisst. Man kommt oberhalb von St. Georgen sowie direkt am ❺ **Brunjaunhof** vorbei und begeht als überraschenden Clou zum Schluss noch die sogenannte »Katzenleiter«, ehe sich der Kreis bei der ❸ **Talstation** der Taser-Seilbahn schließt.

Zur kleinen Ifingerhütte

Als Alternative ist auch Weg 18a über die romantisch am Fuße ihres Hausbergs gelegene Ifingerhütte (1810 m) möglich. Mit Direktabstieg zum Egger (Nr. 18) oder via Lenzeben (Nr. 20) kann man sich wieder in den Taser Höhenweg einklinken.

Am Greitererhof tut sich ein prachtvolles Meran-Panorama auf.

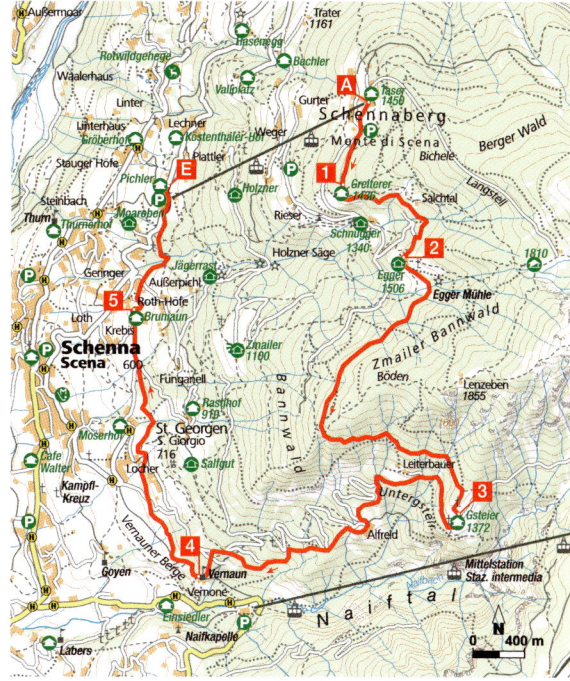

Maiser Waalweg

Wasserwandern zwischen Saltaus und Obermais

leicht   2.15 Std.   30 Hm   8 km

Besonderer Genuss: Kultur am Wegrand

Talort
Obermais (370 m), Vorort von Meran

Ausgangspunkt
Saltaus (499 m) im Vorder-passeier

Endpunkt
Obermais (370 m); Buslinie von Meran ins Passeiertal

Gehzeiten
Für die einfache Strecke ca. 2.15 Std.

Aufstieg/Abstieg
Aufstieg vernachlässigbar, Abstieg ca. 150 Hm

Anforderungen
Bequemer, nahezu horizontal verlaufender Waalweg, abschnittsweise nicht allzu breit angelegt, aber problemlos.

Beste Jahreszeit
Praktisch ganzjährig

Einkehr
Torglerhof; Obermais

Karte
Tabacco, 1:25 000, Blatt 011 »Meran und Umgebung«

Waalwege zählen auf der leichten Wanderschiene zu den beliebtesten Zielen im Meraner Raum. Oft kann man sie als mehr oder weniger ausgedehnte »Spaziergänge« bezeichnen, wie etwa den Maiser Waalweg, der sich zwischen der steilen Berglehne und den Obstkulturen des äußersten Passeiertals entlangschlängelt.

Südwärts am Wasser entlang   Von **A Saltaus** wechseln wir über die Brücke auf die linke, östliche Seite der Passer und nehmen am **1 Torglerhof** vorbei den Maiser Waalweg auf. Dieser führt in südlicher Richtung anfangs durch Obstplantagen und taucht bald in schö-

Wanderers Lieblinge

Die heute noch intakten Waale sind nicht nur ein charakteristisches kulturelles Merkmal, sondern touristisch zweifellos auch eine große Bereicherung für den Meraner Raum sowie den angrenzenden Vinschgau. Einst standen hier ja noch wesentlich mehr in Nutzung, als die Landwirtschaft auf diese traditionelle Form der Bewässerung absolut angewiesen war. Moderne Beregnungsanlagen haben die altehrwürdigen Relikte vielerorts verdrängt und verwildern lassen, doch gibt es eben eine Reihe erfreulicher Ausnahmen. Der rund acht Kilometer lange Maiser Waal leitet am Sockel der Berglehnen durch eine reizvolle, von Felsen und Rinnen durchbrochene Landschaft und wird dabei weithin von Naturwegen begleitet.

ne bewaldete Hänge ein. Von Felsen gesäumt, die Talsohle ein Stück unter uns, mutet der Weg nicht selten wie ein »Band« im Steilgelände an, wenngleich der alpinistische Anspruch denkbar gering bleibt. Nach gut 45 Minuten passieren wir die

❷ Waalerhütte und vernehmen das monotone Klacken der Waalschelle, die den störungsfreien Lauf des Wassers anzeigt. Munter plätschert es neben uns dahin. Auf reizvollen Naturwegen geht es weiter bis zu den Höfen unterhalb von Schenna, wobei man bei Lust und Laune diversen Abzweigungen dorthin folgen könnte. Der stattliche Ferienort schmiegt sich rund 200 Meter höher an sonnige Talflanken. Hin und wieder kreuzt die Route auch mal einen Graben – nach Süden zu sogar häufiger –, was etwas Abwechslung ins Spiel bringt. Weitere Höfe inmitten von Obstkulturen begleiten uns, ehe unser Waalweg in **Obermais** ausläuft. Hier halten wir uns rechts und steuern die ❸ **Bushaltestelle** an der Ausfallstraße ins Passeiertal an. Natürlich kann man bei entsprechender Ausdauer die gleiche Strecke auch zurückwandern.

Am Auslauf des Passeiertales erstrecken sich weitläufige Weinberge.

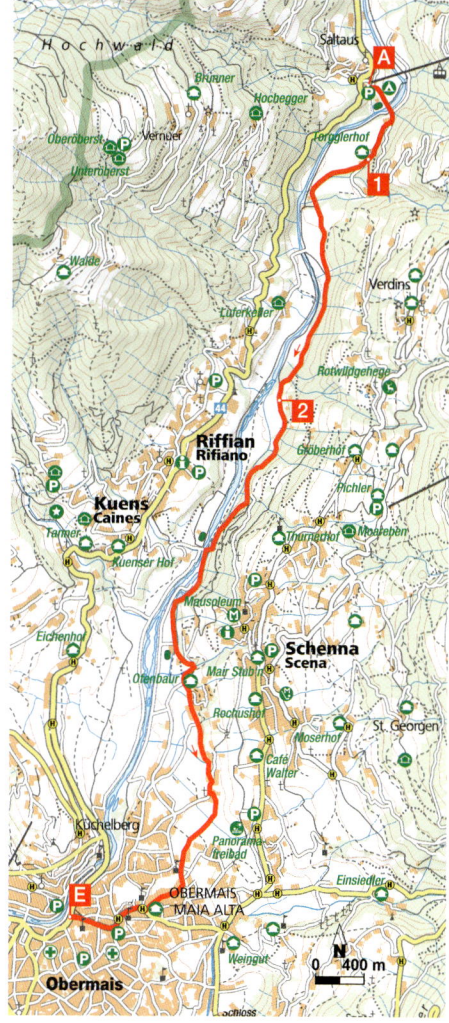

31 Am Fuße des Hirzers

Über Stafell- und Hirzerhütte zur Mahdalm

leicht   5.15 Std.   700 Hm   15 km

Besonderer Genuss: Aussicht

Talort
Saltaus (499 m) im Passeiertal

Ausgangspunkt
Prenn (1404 m), Bergweiler mit der Mittelstation der Hirzerbahn von Saltaus, auch auf Bergstraße erreichbar

Gehzeiten
Prenn – Oberkirn 0.20 Std. – Videgg 0.40 Std. – Stafellalm 1.15 Std. – Hirzerhütte 0.30 Std. – Mahdalm 0.45 Std. – Gompmalm 0.30 Std. – Prenn 1.15 Std.; insgesamt 5.15 Std.

Aufstieg/Abstieg
Ab Prenn insgesamt ca. 700 Hm

Anforderungen
Überall leichte Wanderwege, Schotter- und Asphaltstraßen. Lediglich etwas Ausdauer nötig, aber auch kürzere Varianten möglich (evtl. mithilfe der Hirzerbahn).

Beste Jahreszeit
Juni bis Oktober

Hütten/Einkehr
Prenn; Oberkirn; Videgg; Stafellalm; Klammeben; Hirzerhütte; Reseggeralm; Hinteregger Alm; Mahdalm; Gompmalm; Hochwies

Karte
Tabacco, 1:25 000, Blatt 011 »Meran und Umgebung«

Hoch oben an der nach Westen offenen Hanglehne des Passeiertals tragen mehrfach abgestufte Geländebalkone eine Handvoll urtümlicher Weiler und Almen. Sie lassen sich in mannigfaltiger Weise zu kleineren oder größeren Wanderungen verbinden. Auf unserer Almrunde unterm Hirzer buhlen ein rundes Dutzend Einkehrstationen um Wanderers Gunst: absolut rekordverdächtig!

Harmonisches Passeiertal Vom Meraner Becken aus schließt das Passeiertal als mächtige V-Furche in die Zentralalpen auf, flankiert von der Texelgruppe sowie dem Westkamm der Sarntaler Alpen, an dem die hier vorgestellte Tour verläuft. Es handelt sich wieder einmal um eine Unternehmung auf halber Höhe zwischen Tal und Gipfeln, so wie es der Vorstellung vieler Wanderer entspricht, die ihre Ambitionen zwar nicht allzu hoch schrauben, mit einfachen Tal-

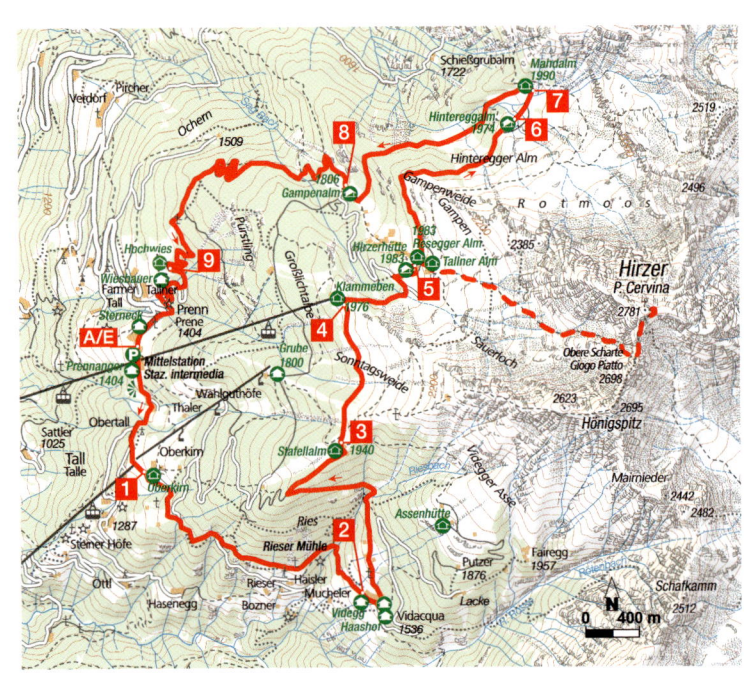

spaziergängen jedoch kaum ausgelastet sind. Das Niveau der Hochalmen an der 2000-Meter-Marke ist ihr bevorzugtes Revier, nicht zuletzt aufgrund der anheimelnden Idylle und der traditionellen Südtiroler Lebensart, die hier oben allenthalben herrschen. Doch eine »Warnung« sei gleich mit auf den Weg gegeben: Wer an einer einladenden Jausenstation schlecht vorbeigehen kann, sollte sich auf einen sehr langen Tag gefasst machen …

Die Hirzerhütte auf der Tallner Alm

Von einer Alm zur nächsten Nachdem wir mit dem Auto oder der Hirzerbahn den Hangweiler Ⓐ **Prenn** (1404 m) angesteuert haben, begeben wir uns auf einem verkehrsarmen Sträßchen über ❶ **Oberkirn** nach ❷ **Videgg** (1536 m). Hier markant nach Norden umbiegend und mit Markierung 40 über Wiesen in den Wald zur einzigen längeren Steigung. Man quert den Riesbach, vollzieht einige Kehren und geht dann diagonal nach links hoch, wo man auf den breiten Schotterweg von Oberkirn (kürzere Variante) trifft und zum Ensemble der ❸ **Stafellalm** (1940 m) gelangt. Ein überaus komfortabler Höhenweg leitet quer durch die

Königstour zum Hirzer

Mit seinen 2781 Metern ist der Hirzer der höchste Gipfel der Sarntaler Alpen. Kein Berg der näheren Umgebung verstellt irgendeinen wichtigen Ausschnitt des Panoramas, sodass man quasi aus der Mitte Südtirols heraus einen gewaltigen 360-Grad-Rundumblick erhascht. Die meisten Besteigungen werden von der Bergstation Klammeben ausgeführt: zunächst zur Tallner Alm und dann am linken Rand des Westkars (Sauerloch) zunehmend steiler und geröllreicher gegen die Obere Scharte (Hirzerscharte) hinauf. Durch die Südostflanke rechts vom Grat wird der Gipfel schließlich auf passabler Spur gewonnen (ca. 3 Std. ab Klammeben).

Sonntagsweide weiter nach ❹ **Klammeben** (1976 m), der auffälligen Bergstation der Hirzerbahn. Rechts am Hang entlang wird ein Grabeneinschnitt ausgegangen, womit man schon auf das weitläufige Areal der Tallner Alm hinaustritt.

Überragt vom breitschultrigen Hirzer offerieren hier die altehrwürdige ❺ **Hirzerhütte** (1983 m) sowie die kleine Reseggeralm Knödel und mehr. Als ich diesen Weg erkundete, begleitete mich auf dem folgenden Abschnitt ein Ziegenhirte, der alle zwei Tage nach seinen Schützlingen sieht und viel Interessantes zu erzählen wusste. Wir nahmen zusammen den Güterweg (Nr. 2), der im Bogen in den Kessel der ❻ **Hinteregger Alm** (1974 m) hineinzieht. Dort blieb der Hirte bei Bekannten zurück, während ich den Weg zur nahen ❼ **Mahdalm** (1990 m) fortsetzte.

An dieser Stelle erreichen wir den nördlichen Eckpunkt der Wanderung und drehen jetzt talwärts ab. Zunächst landet man auf einem tieferen Parallelweg, der uns über einen bewaldeten Rücken zur ❽ **Gompmalm** (1808 m) führt. Dort auf den Wirtschaftsweg und mit zeitweiligen Abkürzern über den Gasthof ❾ **Hochwies** hinab zur Prenner Bergstraße, wo sich mit einem kurzen Gegenanstieg der Kreis schließt.

Algunder Waalweg und Tappeinerweg

Heitere Promenaden im Meraner Becken

32

Die Umgebung Merans besticht vor allem mit ihrem südländischen Flair, romantischen Weinpergeln und einer exotisch-mediterranen Vegetation vor der Kulisse hoher Bergkämme. Ganz leichtfüßig auskosten können wir dies auf den klassischen Spazierwegen zwischen Algund und Dorf Tirol, die seit Langem Wanderer in Scharen anlocken.

Spaziergänge für Alt und Jung Zugegeben, wer in seinem Bergurlaub vor allem Ruhe und Abgeschiedenheit sucht, sollte sich vielleicht nach anderen Vorschlägen umsehen oder hier nur zu ungewöhnlichen Zeiten erscheinen. Denn der pittoreske Algunder Waalweg, der geradezu legendäre Tappeinerweg und auch die ein Stück weiter oben verlaufende Route über

leicht · 2.30 bis 300 Hm · 8–15 km
–5 Std.

Besonderer Genuss: Kultur am Wegrand

Talort
Algund (354 m) bzw. Meran (325 m)

Ausgangspunkt
Parkplatz am westlichen Ende des Algunder Waalweges (506 m), bei der Töllgrabenbrücke zwischen Töll und Plars; Bushalt in der Nähe

Gehzeiten
Waalweg bis Gratsch 1.30 Std., Tappeinerweg bis Meran-Zentrum ca. 1 Std., möglicher Rückweg über Schloss Tirol 2.30 Std.; insgesamt bis 5 Std.

Aufstieg/Abstieg
Mit Endpunkt Meran praktisch ohne Steigung und knapp 300 Hm bergab, bei der Rundtour hingegen ca. 300 Hm Gegenanstieg

Anforderungen
Vollkommen leichte Spazierwege für jedermann; über Schloss Tirol teils verkehrsberuhigte Sträßchen, etwas Marschfreude vonnöten.

Beste Jahreszeit
Praktisch ganzjährig

Einkehr
Diverse Restaurants, Cafés und Buschenschänken entlang der gesamten Strecke

Karte
Tabacco, 1:25 000, Blatt 011 »Meran und Umgebung«

Stets ein Blickfang oberhalb von Meran: Schloss Tirol

das Stammschloss der Grafen von Tirol erleben Einsamkeit nur äußerst selten. Tagsüber reißt der Wanderertatzelwurm normalerweise kaum jemals ab. Andererseits ist der landschaftliche Charme einfach nicht zu leugnen. Nirgends offenbart sich die Kulturlandschaft des inneren Meraner Beckens attraktiver, nirgends ist der mediterran angehauchte Charakter dieses klimatisch so bevorzugten Landstrichs gegenwärtiger. Und die leicht erhöhte Perspektive auf die Kurstadt lässt manch interessantes Detail hervortreten.

Palmengewächse verströmen mediterranes Flair.

Wasserweg von Plars nach Gratsch Auch wenn inzwischen längst Beregnungsanlagen Einzug gehalten haben, hat der in Teilen seit dem Mittelalter nachweisbare Algunder Waal seine Bedeutung für die Bewässerung der Obstfluren und Weinberge von Plars, Algund und Gratsch bis heute nicht verloren. Das Wasser wird auf Höhe der Töll aus der Etsch abgeleitet. Einst für die Unterhaltung und Betreuung des Waals angelegt, ist der Begleitweg längst zu einer populären Spaziermeile avanciert, die im Hin und Her viel begangen wird.

Wir wollen am Westende starten, ganz in der Nähe des **A Töllgrabens.** Verfehlen kann man den nahezu eben verlaufenden Waalweg nicht, ist er doch bei allen möglichen Gabelungen und Kreuzungen zuverlässig ausgeschildert. So laufen wir beschwingt durch Obstparzellen und mitunter laubenartige Rebgärten, zwischendurch aber auch durch angenehm schattige Gehölze. Immer wieder schweifen die Blicke über die in den Schwemmhang gestreuten Ortsteile von Algund. Nach dem **1 Café Konrad** bildet der Grubbach eine klitzekleine Zäsur, ehe sich der Waalweg bis zu seinem östlichen Ende in **2 Gratsch** weiter am Hang entlangschlängelt.

Lustwandeln auf der Tappeinerpromenade Nach einem kurzen Intermezzo auf einer Dorfstraße setzen wir noch vor dem Café Unterweger auf den Tappeinerweg über, der als Klassiker schlechthin im Nahbereich von Meran gilt. Gestiftet wurde die wunderschöne Promenade Ende des 19. Jahrhunderts vom angesehenen Arzt Dr. Franz Tappeiner, der dem florierenden Tourismus Merans damit einen wertvollen Anstoß verlieh. Besonders erwähnenswert ist auf dieser rund drei Kilometer langen Strecke direkt über den Dächern der Kurstadt die außerordentlich reiche Botanik. Sie wartet mit manchen Gewächsen auf, die normalerweise erst viel weiter südlich heimisch sind. Nachdem wir die vielen kleinen Biegungen durch die Südwestflanke des Küchelbergs und Segenbühels absolviert haben, leiten einige Serpentinen ins Stadtzentrum von Meran hinab.

Hinauf nach Dorf und Schloss Tirol
Man kann sich aber genauso gut bergauf wenden, um das Programm zu einer vollen Tageswanderung aufzuwerten. Über den sogenannten ❸ Tirolersteig gelangt man auf den lang gestreckten Höhenrücken des Küchelbergs und damit ins quirlige Siedlungsgebiet von ❹ Dorf Tirol. Unübersehbar, dass es sich um einen der beliebtesten Ferienorte im Umkreis von Meran, ja ganz Südtirols handelt. Leider ist man dann ein Stück weit auf die Straße angewiesen,

Schloss Tirol

Was oberhalb von Meran als stattliches Burggemäuer ins Auge sticht, ist quasi die Keimzelle Tirols. Im 12. Jahrhundert richteten sich die ursprünglich aus dem Vinschgau stammenden Grafen von Tirol hier standesgemäß ein und begannen, ihre Machtansprüche auszuweiten. Meran stieg zur Hauptstadt des Landes auf, doch sollte diese Blütezeit nicht allzu lange währen. Denn als die Habsburger Tirol übernahmen, verlegten sie das Zentrum Richtung Innsbruck, und Meran fiel in den Dornröschenschlaf. Heute wird das kulturhistorische Erbe natürlich vom Südtiroler Landesdenkmalamt bewahrt, auch ein Museum mit umfassender Dokumentation der Landesgeschichte ist in Schloss Tirol untergebracht.

kann später aber auch auf den Weinweg und den Falknerweg ausweichen. Ein nicht öffentliches Sträßchen führt schließlich durch den Tunnel des Knappenlochs zum weithin sichtbaren ❺ Schloss Tirol (647 m), einem Parademotiv und kulturhistorischen Highlight weit und breit (siehe Kasten).
Über den Sattel des Burghügels hinweg schwenkt die Route in einen Graben ein und bringt uns zwischen Rebhängen und Waldungen über St. Peter zum Ochsentodweg. Wenig unterhalb schaut Schloss Thurnstein ins Etschtal hinab, während unsere Teerstraße bald in einen gepflasterten Weg übergeht, der nun deutlich an Höhe verliert. Damit stoßen wir wieder auf den Algunder Waalweg, auf dem wir westwärts bis zum 🅐 Parkplatz zurückbummeln.

33

Mutspitze

Ein Meraner Schau-ins-Land der Extraklasse

schwierig 6–7 Std. 1450 Hm 10 km

Besonderer Genuss: Aussicht

Talort
Algund (354 m)

Ausgangspunkt
Vellau (908 m), Weiler oberhalb des Etschtals, erreichbar sowohl per Sessellift von Mitterplars als auch über eine Bergstraße und per Bus

Gehzeiten
Vellau – Hochmuth 1.15 Std. – Gasthaus Mutkopf 0.50 Std. – Mutspitze knapp 2 Std. – Taufenscharte 0.45 Std. – Leiteralm 1.15 Std. – Vellau 1 Std.; insgesamt 6–7 Std.

Aufstieg/Abstieg
1400 Hm von Vellau zur Mutspitze plus geringe Gegenanstiege zur Taufenscharte

Anforderungen
Meist sehr gut ausgebaute und markierte Bergwege, zwischen Gipfel und Taufenscharte verstärkt alpiner Charakter; Normalweg spürbar leichter (Einstufung mittel). Am Vellauer Felsenweg Schwindelfreiheit nötig, für die Gipfelüberschreitung zudem Trittsicherheit und Ausdauer.

Beste Jahreszeit
Bei guten Bedingungen Juni bis Oktober

Hütten/Einkehr
Hochmuth; Steinegg; Mutkopf; Leiteralm; Vellau (teils Übernachtung möglich)

Karte
Tabacco, 1:25 000, Blatt 011 »Meran und Umgebung«

Auch diese Tour dürfen wir als Meraner Klassiker bezeichnen, doch ist sie ganz anders geartet als die Spaziermeilen in Talnähe. Schließlich bewegen wir uns hier in luftiger Höhe, erklimmen den südöstlichen Eckpfeiler der Texelgruppe und brauchen dafür erheblich mehr Schmalz in den Waden.

Meran wie aus der Vogelperspektive Die tollsten Aussichtspunkte rund um Meran möchte dieses Buch versammeln, und da darf die Mutspitze zweifellos nicht fehlen. Der formschöne Berg weiß sich nämlich in die rechte Position ganz vorn in der ersten Reihe zu rücken, und wer sich beispielsweise von Süden über die MeBo nähert, erkennt ihn sofort als hoch aufgerichtete Landmarke. Die Höhendifferenz zum Talboden beträgt fast 2000 Meter, entsprechend gewaltig nehmen sich Tief- und Fernblicke aus, obgleich das Reich der Texelgruppe im Rücken sogar noch bis zu 1000 Meter höher in den Himmel ragt. Jeden-

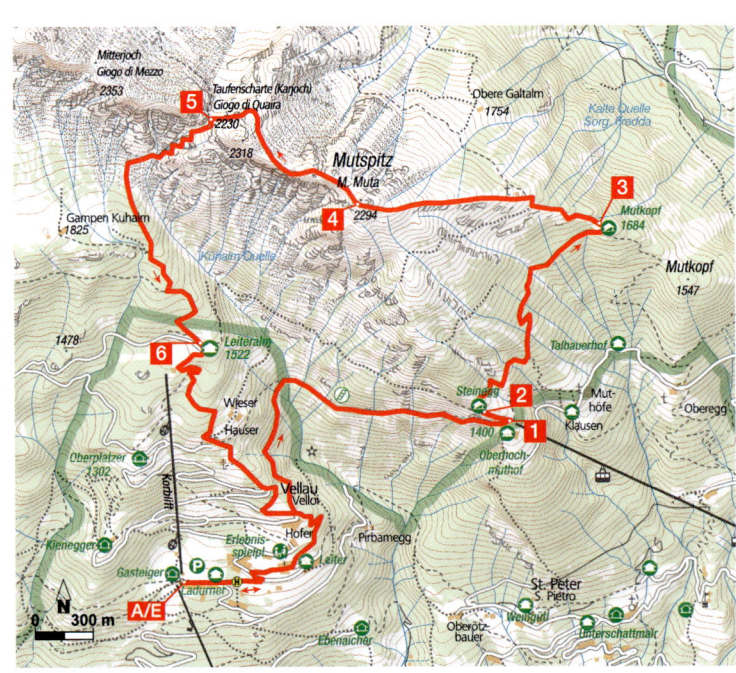

falls gehört die Mutspitze zu einer Handvoll Bergen, die die alpine Kulisse von Meran prägen.

Das Gros der Aspiranten startet bei der Seilbahnstation neben dem Gasthof Hochmuth und wendet sich dem Normalweg über den stumpfen Ostrücken zu – eine Tour, die sich jeder berggewohnte Wanderer zutrauen darf. Noch mehr Pep kommt mit dem alpineren Rundkurs über die Taufenscharte ins Spiel, und wer – wie nachfolgend beschrieben – schon mit dem Vellauer Felsenweg beginnt, packt den Gipfel fast vollständig »by fair means«. Damit steht freilich schon eine ausgewachsene Bergtour auf dem Programm.

Normalweg von Osten Nachdem wir mit Seilbahn, Bus oder dem eigenen Fahrzeug nach **Ⓐ Vellau** gelangt sind, wenden wir uns ostwärts zum Gasthof Oberlechner und schlagen dort den **Vellauer Felsenweg** ein. Das erste Waldstück bringt uns zum Oacherhof, bevor es in die gewaltige Runse unterhalb der Mutspitze hineingeht. Der Vellauer Felsenweg ist dem Gelände großartig angepasst, schmiegt sich regelrecht an die exorbitant steilen Flanken und besitzt trotz seiner zuweilen sehr ausge-

Ein Fest für die Augen verspricht die Mutspitze allen engagierten Gipfelstürmern. Hier der Blick entlang der Südfront der Texelgruppe, wo der Tschigat dominiert.

Der Hans-Frieden-Weg

Mögliche höher gelegene Startpunkte liegen auch beim Gasthof Hochmuth (erreichbar mit der Seilbahn von Dorf Tirol) sowie bei der Leiteralm, wobei der Hans-Frieden-Weg die recht spektakuläre Querverbindung herstellt (vgl. die Beschreibung beim Meraner Höhenweg, Etappe 2). Die Gehzeit reduziert sich auf ca. 5.30 Std. oder falls man sich auf den bestens angelegten Flankensteig beschränkt, ist es gar nur ein gemütlicher, einstündiger Höhenbummel.

setzten Routenführung stets eine vorzügliche Trasse, zuweilen auch eine Kettensicherung als psychologische Hilfe. Ziemlich moderat und gleichmäßig gewinnt man nach Durchschreiten des Grabens in der nur noch vereinzelt von Gebäum bestandenen Felslehne an Höhe und steigt direkt auf der Terrasse des Gasthauses ❶ **Hochmuth** (1361 m) aus.

Nun zur 10 Minuten oberhalb gelegenen Jausenstation ❷ **Steinegg** und entgegen der Kartendarstellung erst dort mit Nr. 22 weiter nach rechts. Die Diagonaltraverse durch die dichte Waldflanke führt zum renovierten Gasthaus ❸ **Mutkopf** (1680 m), wo man den Ostausläufer unseres Berges betritt. Dieser gibt jetzt die Gipfelroute vor. Den zwischenzeitlich rechts abzweigenden Jägersteig ignorierend, vollziehen wir bis auf circa 2000 Meter Höhe einen von Holzgeländern geleiteten Zickzackkurs (der die Erosion eindämmen soll) und lassen derweil die Baumgrenze komplett unter uns. Zuletzt wird es im schrofigen Gelände noch etwas steiler, doch stellen sich bis zu den groben Gipfelblöcken der ❹ **Mutspitze** (2294 m) keine ernsten Hindernisse in den Weg.

Überschreitung via Taufenscharte   Den Übergang nach Westen sollte nur unternehmen, wem es auch in alpinerem Gelände nicht an der nötigen Routine mangelt. Da man teilweise nordseitig ausbiegt, müssen im Frühsommer und Herbst etwaige Tücken durch Schnee oder Vereisung bedacht werden. Man folgt zuerst dem felsig-blockigen Grat abwärts, wendet sich schon bald jedoch auf die rechte Seite und tangiert die Schneide im weiteren Verlauf nur noch zwischendurch. Sämtliche Zwischenerhebungen werden nordseitig gequert, einmal an einem markanten Plattenschuss vorbei. Über einen seichten Geländerücken hinweg zu einer weiteren Traverse, die in die markante ❺ **Taufenscharte** (2230 m), unserem Tor zurück auf die Südseite, leitet.

Die dort ansetzende Grasrinne ist sehr steil, der Weg in Kehren aber gut angelegt und durch viele Stufen auch stabilisiert. Am Auslauf rechts in den Wald, wo man sich an einen Rücken neben der großen Runse hält. Nachdem ein Stich zur Kuhalm abgezweigt ist, laufen wir mit Markierung 25 bei der viel besuchten ❻ **Leiteralm** (1522 m) ein. Diese Wegnummer ist auch zurück nach Vellau maßgebend, falls wir das Angebot der nahen Seilbahn ausschlagen (etwa 1 Std. Unterschied), und auf ordentlichem, teils etwas holprigem Waldsteig die Runde zu Fuß schließen. Man berührt dabei noch einige Berghöfe.

Am Ostrücken der Mutspitze mit Blick zum Sarntaler Westkamm (Ifinger und Plattenspitzen)

Die Spronser Seen

Ins Herz des Naturparks Texelgruppe

34

Eingebettet in die Steinwannen eiszeitlich ausgehobelter Kare formieren sich inmitten der Texelgruppe zwischen 2100 und 2600 Meter Höhe neun nennenswerte Seen zur größten Gewässerplatte Südtirols. Ihre Aura ist einzigartig und für uns eine Einladung zu einem hochalpinen Entdeckungsstreifzug.

Südtirols berühmteste Seenplatte Man macht sich kein Bild von dieser herben, fast skandinavisch anmutenden Landschaft! Nur wenige Kilometer entfernt und rund 2000 Meter tiefer flanieren die Menschen im submediterranen Ambiente Merans. Hier oben herrscht eine andere Welt. Zwar ist die Spronser Seenplatte – zumindest im Bereich der markierten Wege – längst kein Hort totaler Einsamkeit mehr, dafür hat sich die landschaftliche Schönheit schon zu weit herumgesprochen. Es sind aber ausnahmslos tüchtige Bergwanderer, die ihre Schrit-

mittel   7–9 Std.   bis 1500 Hm   20 km

Besonderer Genuss:
Ruhe und Natur

Talort
Dorf Tirol (594 m) oberhalb von Meran

Ausgangspunkt
Hochmuth (1361 m), Bergstation der Gondelbahn von Dorf Tirol

Gehzeiten
Von Hochmuth zur Oberkaser ca. 3 Std., Erkundung der Spronser Seen 1.30–3 Std. (je nach Ausmaß), Abstieg durchs Spronser Tal 2.45 Std.; insgesamt 7–9 Std. (evtl. auf 2 Tage verteilt)

Aufstieg/Abstieg
Bis Oberkaser ca. 850 Hm, Spronser Seen 270 bis 650 Hm zusätzlich

Anforderungen
Überall ordentliche Bergwege, vor allem am Jägersteig phasenweise mit aufwendiger Pflasterung. Der Schwarzsee lässt sich nur auf kümmerlichem Pfad erreichen. Etwas Trittsicherheit und – im Rahmen einer Tagestour sogar große – Ausdauer nötig.

Beste Jahreszeit
Ab Mitte/Ende Juni, wenn die Hochkare schneefrei werden, bis meist in den Oktober hinein

Hütten/Einkehr
Hochmuth; Mutkopf; Oberkaser (Übernachtung möglich, Tel. 0473/92 34 88); Bockerhütte (Übernachtung möglich, Tel. 349/770 76 26)

Karte
Tabacco, 1:25 000, Blatt 011 »Meran und Umgebung«

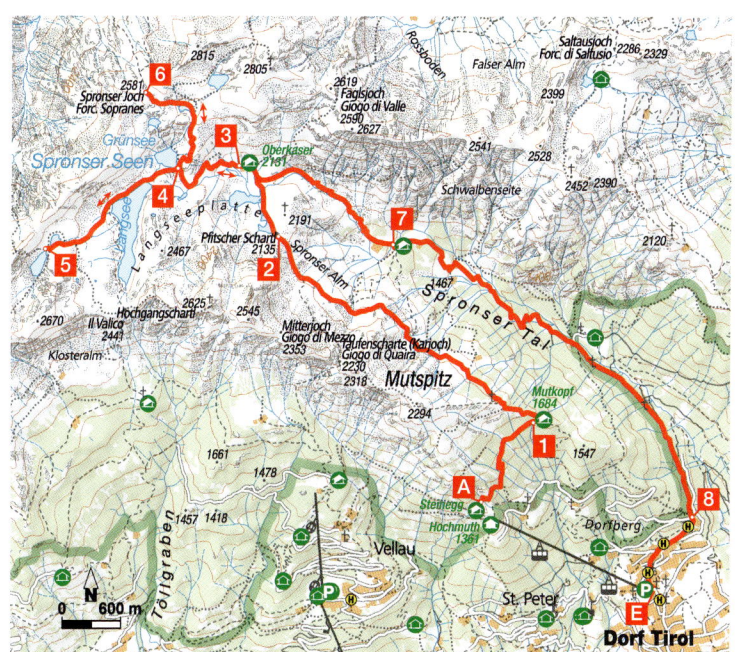

te hier herauflenken, denn einfach so im Vorbeigehen ist diese Attraktion nicht mitzunehmen. Die Juwelen entziehen sich hinter der hohen Südfront der Texelgruppe allzu neugierigen Blicken und verteilen sich dabei über mehrere Karstufen, sodass für eine ausgiebige Erkundung ein einziger Tag kaum ausreicht. Man kann sich den Spronser Seen von ganz verschiedenen Seiten nähern, etwa von der Leiteralm über den knackig-steilen Hochgang oder von Pfelders über das Spronser Joch. Hydrografisch logisch wäre der Weg durchs Spronser Tal entlang dem Seenabfluss, den ich hier für den Abstieg ausgewählt habe. Hinein soll es mit Seilbahnunterstützung über den aussichtsreicheren Jägersteig gehen.

Den Schwarzsee in seiner abgelegenen Karmulde entdecken nur wenige Wanderfreunde.

Über Jägersteig und Oberkaser   Um schonend Höhe zu gewinnen, bedienen wir uns der Hochmuth-Seilbahn und schweben über den Dächern von Dorf Tirol in die Mitteletage der Texelgruppe. Beim **Steinegg** halten wir uns rechts und setzen zu einer Waldtraverse Richtung Gasthaus ❶ **Mutkopf** (1684 m) an, bevor wir uns aus dem Mutspitz-Anstieg ausklinken und auf den **Jägersteig** abzweigen. Dieser durchzieht mit zunächst nur geringen Höhendifferenzen die Nordflanke, ist dabei grundsätzlich gut ausgebaut, zuweilen aber auch etwas steinig, erdig oder feucht. Hoch über dem Spronser Tal läuft man eine ordentliche Strecke einwärts, nimmt den Weg über die Taufenscharte auf und steigt allmählich zum ❷ **Pfitscher Schartl** (2191 m) an: Eintritt in die Spronser Seenplatte. Wir entdecken als Erstes die **Pfitscher** und **Kaser Lacke** auf dem Höhenniveau der ❸ **Oberkaser** (2131 m), die als Sprungbrett und Basislager für die weiteren Streifzüge dienen kann. Ganz in der Nähe soll sich übrigens ein steinzeitlicher Kultplatz befunden haben; rätselhafte Schalensteine wurden auf ein Alter von rund 4500 Jahren geschätzt.

Wie es euch gefällt   Auf einem befestigten Weg bewältigen wir den Geländeriegel westlich der Hütte und gelangen mit einem

Rechtsbogen zum ❹ **Grünsee** in schöner, enger Kessellage. Hier teilt sich die Route. Die meisten gehen links weiter, um mit dem **Langsee** dem Primus der Spronser Seen einen Besuch abzustatten. An seiner Schwelle angelangt, entdecken wir südlich auch die Kammsenke des Hochgangs im Übergang vom und zum Hochganghaus. Die beiden ❺ **Milchseen** verbergen sich hingegen hinter der Steilstufe zur Rechten und werden wesentlich seltener erwandert.

Wer am Grünsee hingegen scharf rechts weitergeht, kommt mit dem alten Saumweg (Nr. 6) hinauf zum ❻ **Spronser Joch** (2581 m). Ein Hochboden hütet den **Schiefer See,** an dem man direkt vorbeigeht, während der **Kesselsee** zwischen eigenartigen Felsbänken abseits der bezeichneten Route lauert – man sieht ihn kurz vor der Jochhöhe. Der **Schwarzsee** schließlich ist wohl der einsamste unter den neun Exemplaren. Zu ihm führt lediglich ein ganz schwach markierter Pfad, der sich teilweise sogar verliert. Wer ihn aufspüren möchte, darf den Abzweig auf die Geländerampe am Ende des Hochbodens nicht verpassen. Über dem dunklen Seeauge ragen Schwarzkopf und Schieferspitze mit ihren kantigen Blockgesteinen empor.

Durchs Spronsertal retour Nachdem wir uns mehr oder weniger intensiv umgeschaut haben, können wir mit einem Rucksack voller Eindrücke den langen Talabstieg antreten. Dafür begibt man sich von der ❸ **Oberkaser** mit dem Hauptweg (Nr. 6) ins Spronser Tal hinab. Über die erste Talstufe, stets links vom Bach, erreicht man den Stall der Unterkaser und jenseits der Brücke die ❼ **Bockerhütte** (1700 m), wo sich nochmals einkehren ließe. **Spronser Alm** und **Kigler Albl** heißen die nächsten Stationen talwärts, ehe man für längere Zeit in Wald eintaucht. Auf circa 1150 Metern wird aus dem Steig ein Fahrweg, der den Meraner Höhenweg kreuzt und allmählich flach hinauszieht zum Gasthof ❽ **Tiroler Kreuz** (806 m) oberhalb von Dorf Tirol. Die ❸ **Talstation der Seilbahn** befindet sich 15 Minuten unterhalb.

Eine Urlandschaft sondergleichen

Treffen wir im Gebiet der gletschergeschürften Hochkare ein, so spüren wir unmittelbar die Urkräfte der Schöpfung, die gerade erst zu Ende gegangen scheint. Schon oft habe ich mich von den wunderbaren Stimmungen verzaubern lassen, den unendlich vielgestaltigen Kombinationen von Sonne, Wind und Wolken mit ihren jeweils ureigensten Farbenspielen. Bis weit in den Sommer hinein treiben Eisschollen auf den dunklen Gewässern der Spronser Seenplatte, eingefasst von Gletscherschliffen und erratischen Felsblöcken, die dem Ganzen ein seltsam strenges Flair verleihen. Am stattlichsten präsentiert sich der Langsee, der es – nomen est omen – immerhin auf einen vollen Kilometer Längsausdehnung bringt.

35

Pfitschkopf und Obisellalm

Kleinode über dem Saltauser Tal

mittel   4.30 Std.   900 Hm   8 km

Besonderer Genuss:
Einkehr

Talort
Riffian (502 m) im Außerpasseier

Ausgangspunkt
Parkplatz bei den Öbersthöfen (1387 m) in der Streusiedlung Vernuer; Abzweig der Zufahrt zwischen Riffian und Saltaus

Gehzeiten
Öberst – Pfitschkopf 2 Std. – Obere Obisellalm 1 Std. – Öberst 1.30 Std.; insgesamt 4.30 Std.

Aufstieg/Abstieg
Etwa 900 Hm

Anforderungen
Normale Bergsteige, ordentlich angelegt und bezeichnet. Zuweilen jedoch steiles Gelände, deshalb kann Trittsicherheit nicht schaden. Mäßiges Tagesprogramm.

Beste Jahreszeit
Mitte Juni bis in den Oktober

Einkehr
Unter- und Oberöberst; Obere Obisellalm (Übernachtung auf Anfrage)

Karte
Tabacco, 1:25 000, Blatt 011 »Meran und Umgebung«

Oberhalb der Karschwelle des wilden Saltauser Hängetals verbirgt sich in aller Abgeschiedenheit der Obisellsee mit der gleichnamigen Alm. Einen sehr interessanten Zugang gibt es über die aussichtsreiche Bergschulter am Pfitschkopf, bei den Einheimischen auch als Hahnenkamm geläufig.

Die Hahnenkammroute Direkt am Parkplatz bei Öberst geht es der Beschilderung »Hahnenkamm, Obisellalm« nach in den nahen Wald. Der Weg (Nr. 21a) vollzieht in angenehmer Steigung einige Serpentinen und kreuzt auch mal eine Forststraße. Man erreicht den Bergrücken des ❶ **Heinschbichl** und steht kurz darauf oberhalb der Waldgrenze mit tollem Blick auf Meran. Nun weiter dem Rücken folgend zur **Hahnenkammhütte** der Hirten, wo bereits ein Flankensteig zur Obisellalm abzweigt. Wir wollen freilich nicht auf die letzten Meter zum

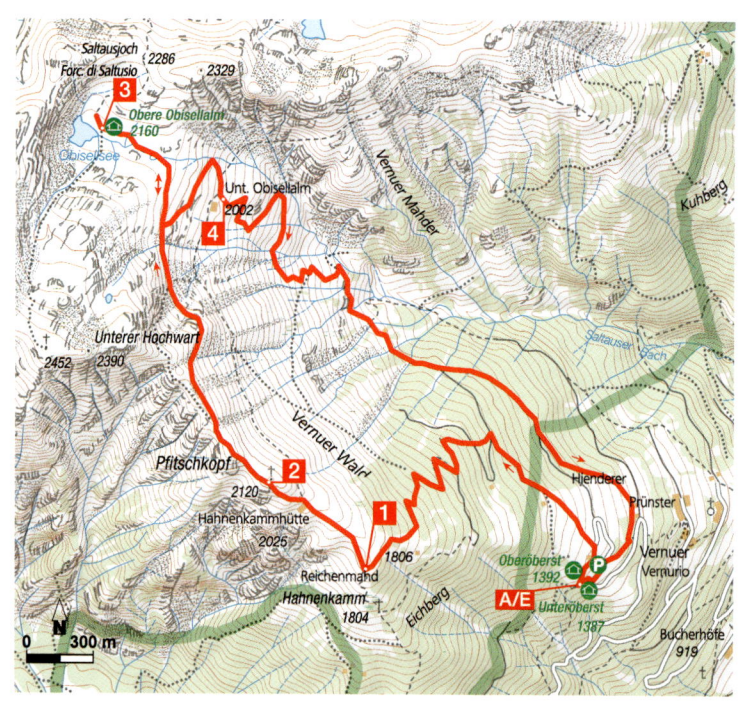

kreuzgeschmückten ❷ **Pfitschkopf** (Hahnenkamm, 2120 m) verzichten, um uns dort am großartigen Rundumblick zu berauschen. Die Überschreitung dieser ausladenden Gratschulter leitet bald in die rechtsseitige Flanke hinein. In leichtem Auf und Ab einige Geländestrukturen ausgehend, nähert man sich der Karschwelle über dem tief eingeschnittenen Saltauser Tal und betritt damit den romantischen Obisellkessel. Über einen flachen Boden tauchen in Kürze auch die ❸ **Obere Obisellalm** (2160 m) sowie der hübsche Bergsee auf. Beim Abstieg halten wir uns an der Karschwelle mehr geradeaus und überwinden mit Nr. 5 direkt den steilen Riegel zur Abstufung der ❹ **Unteren Obisellalm** (2002 m). Auf gutem, aber ziemlich steilem Weg geht es zwischen Tobeln, Felsgeschröf und Alpenrosenbeständen tiefer, wobei hin und wieder eine geschickte Traverse eingestreut wird. Später nach rechts hinüber und auf einem Forstweg Richtung ❹ **Öbersthöfe** hinaus.

An einem langen Junitag

Nach einer anderen Erkundung war es bereits Nachmittag, als ich diese Tour von den höchstgelegenen Höfen des Streuweilers Vernuer aus startete. Würde es sich überhaupt noch ausgehen? Doch die friedvolle Stille des Obisellkessels, der nette Plausch mit den Almpächtern, begleitet von dem einen oder anderen Glas Roten, ließ beinahe die Zeit vergessen. Erst als der Hirzer das letzte Licht der Abendsonne einfing, kehrte ich aus der Idylle über dem Saltauser Tal zurück in die alltägliche Welt …

Das wuchtige Hirzermassiv als optisches Gegenüber

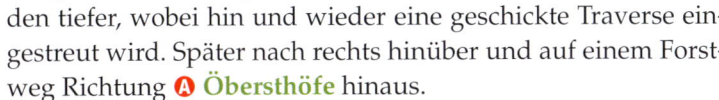

Bärengrüblalm

Uriges Passeirer Bergnest

mittel   5 Std.   1000 Hm   9 km

Besonderer Genuss:
Kultur am Wegrand

Talort
St. Leonhard in Passeier
(689 m)

Ausgangspunkt
Höfestraße von St. Leonhard
zum Larcher; kleiner Parkplatz
kurz vor dem Hof (ca. 865 m).
Mit öffentlichen Verkehrsmit-
teln Start im Talort.

Gehzeiten
Aufstieg 3 Std., Abstieg 2 Std.

Aufstieg/Abstieg
Rund 1000 Hm

Anforderungen
Bis Pfistrad mehrheitlich
Forststraße, anschließend zwei
Wegvarianten, die beide relativ
steil verlaufen – zum einen gut
angelegt durch den Bergwald,
zum anderen spärlicher ausgetreten über Wiesen. Dabei
jedoch keine besonderen Hindernisse.

Beste Jahreszeit
Juni bis Oktober

Einkehr
Pfistrad; Bärengrüblalm

Karte
Tabacco, 1:25 000, Blatt 039
»Passeiertal«

Die Passeirer gelten gemeinhin als besonders bo-
denständig, wovon man sich als Wanderer wohl am
besten im Rahmen einer typischen Almwanderung
überzeugen kann. In einem Hochtaleinschnitt am
Sarner Westkamm liegt die Pfistradalm und eine
Etage höher die Bärengrüblalm mit freier Aussicht.

Zwei unterschiedliche Almen   Das Bärengrübl war für den
Verfasser ein Tipp, den er einmal auf einer anderen Alm im
Passeiertal bekam. Dort ginge es noch besonders urig zu, hieß
es, was natürlich die Neugier geweckt hat. Es brauchte dann
aber doch zwei Anläufe, denn beim ersten Versuch war das
Wetter allzu trüb und regnerisch. Schließlich will man beim Bärengrübl ja nicht nur zünftig einkehren, sondern zur Marende
auch die prächtige Aussicht auf die Bergumrahmung samt Sonnenschein genießen. Allerdings ist dafür schon ein respektables
Steigpensum zu absolvieren. Wer es weniger fordernd bevor-

zugt, bleibt indes womöglich schon 500 Meter tiefer hängen, denn auch dort lockt bereits eine pittoreske Alm mit besonders langer Tradition.

Von St. Leonhard ins Pfistradtal Wer sich ein wenig Zustieg sparen möchte, fährt am besten von St. Leonhard zu den oberhalb gelegenen Höfen hinauf und folgt dort zunächst den Abkürzungen der Forststraße, die ins Pfistradtal hineinführt. Später auf dem breiten Wirtschaftsweg selbst weiter, bis wir nach rund anderthalb Stunden auf Höhe von ❶ **Pfistrad** (1358 m) ankommen.

Der malerische Almgrund von Pfistrad im gleichnamigen Hochtal

Linker Hand entdecken wir das kleine »Almdorf« mit dem Kirchlein St. Anna. Kurz dahinter zweigt die erste von zwei wählbaren Routen zum Bärengrübl links ab (Nr. 13). Der Pfad schließt rasch zum Waldhang auf und schraubt sich dort im Steilgelände geschickt höher. Zeitweise nähert man sich dem Graben zur Linken, bevor sich gegen Ende der Wald lichtet und die ❷ **Bärengrüblalm** (1874 m) auftaucht. Dort werden Fortsetzungsmöglichkeiten Richtung Walten bzw. auf die stolze Hochwart (2746 m) ausgewiesen – Touren, die sich freilich nur für konditionsstarke Berggänger eignen. Zwecks Abwechslung freuen wir uns über die Abstiegsvariante (Nr. 13B), die von der Alm aus einen südlicheren Kurs über malerisches, mit verstreuten Hütten durchsetztes Wiesengelände nimmt.

Traditionsreiches Pfistrad

Pfistrad ist seit dem Mittelalter nachweisbar und wurde einst sogar ganzjährig als Hof bewirtschaftet. In einer der Hütten ist ein kleines Museum eingerichtet, das vom bäuerlichen Leben am Berg erzählt. Und nebenan steht die hübsche Kapelle St. Anna – alles in allem ein Ensemble, das wirklich zum Verweilen einlädt.

Ein bisschen Aufmerksamkeit braucht es dabei schon, zumal der Pfad phasenweise ziemlich steil und nicht übermäßig breit ausgetreten verläuft. Wir kehren damit wieder in den Grund des Pfistradtals zurück und zwar nahe jener Stelle, wo der breite Wirtschaftsweg endet.

Wanns – Alpenspitze

Stille Runde in den Nördlichen Sarntaler Alpen

mittel   5 Std.   1060 Hm   11 km

Besonderer Genuss:
Ruhe und Natur

Talort
St. Leonhard in Passeier
(689 m)

Ausgangspunkt
Wanns (1419 m), am Ende
des Waltentals; Zufahrt von der
Jaufenstraße oberhalb Walten
(kein Bus)

Gehzeiten
Aufstieg durchs Sailer Tal
3 Std., Abstieg durchs Wannser
Tal 2 Std.; insgesamt 5 Std.

Aufstieg/Abstieg
Ab Wanns 1060 Hm

Anforderungen
Bis auf ein kürzeres Stück an
der Alpenspitze durchgängig
markierte Route, allerdings
besonders beim Anstieg nicht
überall deutliche Wegtrasse;
im Hochweidengelände jedoch
unproblematisch. Im Gipfelbereich etwas Trittsicherheit vorteilhaft, dazu Orientierungsver-
mögen und Ausdauer für eine
durchschnittliche Tagestour.

Beste Jahreszeit
Mitte Juni bis zum Einschneien
im Herbst

Einkehr
Seebergalm; Wannser Alm

Karte
Tabacco, 1:25 000, Blatt 039
»Passeiertal«

Ins Waltental unterm Jaufenpass verirren sich nicht allzu viele Wanderer. Wer urtümlichen Südtiroler Berglandschaften auf die Spur kommen möchte, ist durchaus an der richtigen Adresse und wird an der Rundtour über die Alpenspitze viel Freude haben.

Im hintersten Waltener Winkel Auch der Autor muss einge-stehen, dass er viele Jahre lang mehr oder weniger achtlos vor-beigefahren ist – über den Jaufen kommend Richtung Passeier und Meran, zu vermeintlich lohnenderen Zielen als den Bergen über dem Waltental. Bis mich dieser Winkel im Zuge systema-tischerer Erkundungen dann doch zu interessieren begann und ich eines kalt-klaren Oktobermorgens im kleinen, verträumten Weiler Wanns landete. Eine nette Runde würde sich laut Kar-te ergeben, bestimmt durch zwei almgeprägte Hochtäler und zwei Jochübergänge. Die Recherche vor Ort brachte schließlich sogar noch eine kleine Überraschung zutage: Es kann nämlich die nah am Weg liegende Alpenspitze von jedem halbwegs

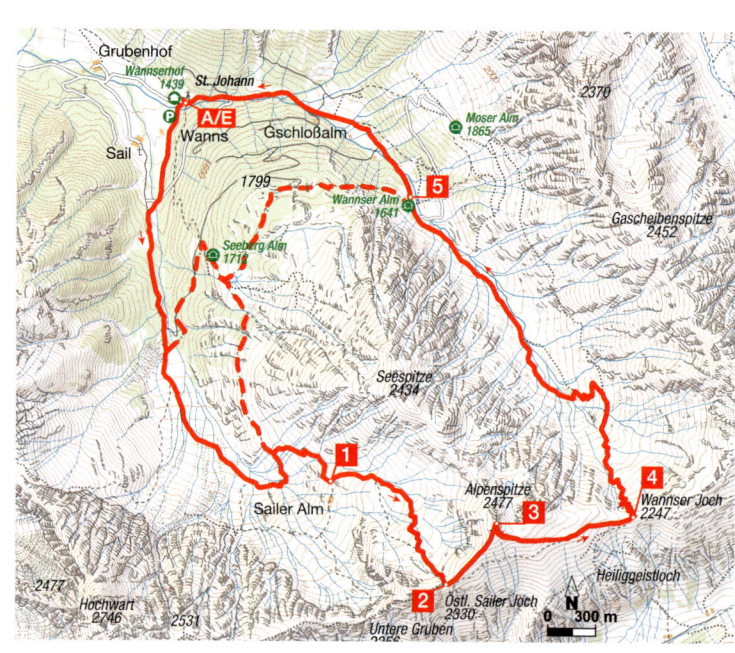

Trittsicheren problemlos überschritten werden, was der Sache natürlich noch zusätzlichen Reiz verleiht.

St. Johann beim Wannser Hof

Über Sailer und Wannser Joch Beim  **Ⓐ Wannser Hof** gehen wir gleich rechts über die Bachbrücke und auf etwas holprigem Weg oberhalb der Wiesen entlang zum Sailer Bach, der ebenfalls überschritten wird. Anschließend folgt man einem Karrenweg ins Sailer Tal hinein. Bald gibt es zwei Möglichkeiten: entweder mit Nr. 12 und 12a weiter durch den vorgezeichneten Talverlauf (im hinteren Teil links haltend) oder sogleich links zur sommers bewirtschafteten **Seebergalm** (1712 m) hoch und mit einer in den meisten Karten nicht verzeichneten Traverse auf circa 1900 Metern wieder in die Hauptroute einfädelnd. Man steuert nun auf die **❶ Sailer Alm** (2019 m) zu, dreht kurz davor links ab und steigt ohne ausgeprägten Weg in typischem Hochweidegelände durch die Hangmulde ins **❷ Östliche Sailer Joch** (2330 m) an. Während der kleine, markierte Pfad die **❸ Alpenspitze** (2477 m) in der Südflanke quert, empfiehlt sich die kaum anspruchsvollere Überschreitung des Gipfels über den Kammrücken. Die Aussicht vom Kreuz ist im Wortsinn der Höhepunkt des Tages – vom Stubaier Hauptkamm bis hinunter ins Sarntal beäugen wir ein interessantes topografisches Gefüge und sind erstaunt über die durchaus alpinen Formen in den als unspektakulär verschrienen Sarntaler Alpen, zum Beispiel an Hochwart und Ötsch nebenan. Beim Abstieg ins **❹ Wannser Joch** (2247 m) trifft man wieder auf rote Punkte und am Sattel selbst auf den nordwärts ins Wannser Tal hinabziehenden Almsteig Nr. 14. Dieser ist merklich komfortabler angelegt als sein Pendant im Sailer Tal, weshalb ich die Tour bewusst in dieser Richtung beschreibe (wer mag, kann natürlich auch umgekehrt gehen). Nach ein paar

Über den Jägersteig

Wer eine kürzere Halbtagestour bevorzugt, kann einen wesentlich engeren Rundkurs wählen, und zwar mit der direkten Verbindung zwischen Seeberg- und Wannser Alm. Diese ist als »Jägersteig« ausgewiesen (Nr. 14). Man rechnet knapp 2.30 Std. für die Kurzrunde.

Schleifen halten wir uns auf die linke Seite des Hochtals und laufen noch ein gutes Stück abwärts bis zur **❺ Wannser Alm** (1641 m), die zur Einkehr einlädt. Die letzte halbe Stunde geht es auf einem Wirtschaftsweg hinaus nach **Ⓐ Wanns**, wo uns das Kirchlein St. Johann inmitten der großen Wiese entzückt.

38

Stuls – Hochalm

Über dem Sonnendorf des Passeiertals

leicht   4 Std.   850 Hm   8 km

Besonderer Genuss: Aussicht

Talort
Stuls (1332 m), auf einer Hangterrasse über dem hinteren Passeiertal

Ausgangspunkt
Im Dorfzentrum von Stuls; die Zufahrt erfolgt über Moos (auch Busanbindung)

Gehzeiten
Aufstieg über Stuller Mahder 2.30 Std., Abstieg über Eggergrubalm 1.30 Std.; insgesamt 4 Std.

Aufstieg/Abstieg
Ab Stuls 850 Hm

Anforderungen
Im Allgemeinen leichte, nur vorübergehend etwas steilere Bergwege; im Abstieg am Schluss auch breite Fahrtrasse. Abgesehen von elementarer Ausdauer keine besonderen Anforderungen.

Beste Jahreszeit
Juni bis Oktober

Hütten/Einkehr
Hochalm; Eggergrubalm (beide mit Übernachtungsmöglichkeit)

Karte
Tabacco, 1:25 000, Blatt 039 »Passeiertal«

Hochalm – allein der Name ist Verlockung genug! Und tatsächlich gehört diese Wanderung zu meinen liebsten im Hinterpasseier, besonders wenn im Frühsommer fette Bergwiesen in voller Blüte stehen oder im Herbst die lichten Lärchenwälder golden funkeln. Auf dem Hochbalkon wird man nach allen Regeln der Kunst verwöhnt: von der Sonne, von der Aussicht, von der bodenständigen Südtiroler Almkost ...

Herrliche Balkone über der Passer   Seitdem die außergewöhnlich schön gelegene Hochalm zu einem Berggasthaus ausgebaut worden ist, erfreut sie sich als Wanderziel regen Zuspruchs. Man blickt von hier auf die gegenüberliegende Texelgruppe, ins Pfelderer Tal und zum Gurgler Kamm, der den östlichen Abschluss des mächtigen Ötztaler Hauptkamms bildet. Im Rücken ragt der Bergriegel der Hochwart und Hohen Kreuzspitze

empor, die beide auf markierten Fels-
steigen erklommen werden können.
Während die Ambitionierten also
möglicherweise sehnsuchtsvoll gipfelwärts blicken, können sich Kinder
auf den weitläufigen Stuller Bergwiesen – die sogar schon prähistorische
Funde hervorbrachten! – gefahrlos
austoben. Zwei vorteilhaft miteinander kombinierbare Routen ziehen
vom Bergdorf Stuls Richtung Hochalm hinauf.

Rundtour von Stuls Unmittelbar
bei der Ⓐ **Kirche** geht es am bewaldeten Steilhang hoch und bald zu
einer Gabelung, wo links wie rechts
die Stuller Mahder in gleicher Zeit
ausgewiesen werden (Achtung, die
lokalen Wegnummern korrespondie-
ren nicht mit den Karten). Bei P. 1796
– inmitten idyllischer, von zahlreichen Heustadeln besetzter Waldwiesen – vereinigen sich die beiden
Trassen wieder. Etwas höher treten
wir über die Waldgrenze hinaus und befinden uns eine Weile
auf einem Karrenweg im Bereich der ❶ **Stuller Mahder.** Mit
Blick auf die steil aufstrebende Hohe Kreuzspitze – höchster
Gipfel im südlichsten Kammzug der Stubaier Alpen – biegen
wir in den Passeirer Höhenweg ein
und spazieren im Rücken der Stuller Mut schließlich nach links bis zur
❷ **Hochalm** (2174 m) hinüber.
Den Rückweg wählen wir zur Abwechslung über die ebenfalls bewirtschaftete ❸ **Eggergrubalm** (1929 m),
die wir am stumpfen, südwestwärts
gerichteten Bergrücken erreichen.
Etwas tiefer trifft man auf einen Wirtschaftsweg, dessen Kehren sich teilweise auch abkürzen lassen (etwas
unübersichtlich). An den exponierten
Berghöfen von ❹ **Hochegg** vorbei
schwenken wir zuletzt wieder Richtung Ⓐ **Stuls** ein.

Von der Sonne verwöhnt: die
Eggergrubalm

Sonnendorf Stuls

Wenn von sonnenverwöhnten Balkonen die
Rede ist, so muss bereits der Ausgangspunkt
Stuls erwähnt werden. Ein gutes Stück über
der Passer am Südhang gelegen, darf sich die
Ortschaft einer der bevorzugtesten Lagen weit
und breit rühmen: durchschnittlich 10 Son-
nenstunden täglich! Mir ist die Gegend auf
Anhieb sympathisch gewesen, findet man hier
doch ein weitgehend unverfälschtes Südtiroler Ambiente.

39

Matatzspitze

Ein idealer Passeirer Aussichtspunkt

mittel · 4.15 Std. · 700 Hm · 10 km

Besonderer Genuss: Aussicht

Talort
Platt (1140 m) im Hinterpasseier

Ausgangspunkt
Parkplatz vor dem Kratzegghof (ca. 1510 m), ganz oben im Streuweiler Ulfas; Abzweig der Zufahrt gleich hinter Platt

Gehzeiten
Aufstieg 2.15 Std., Abstieg via Kuntner Alm 2 Std.; insgesamt 4.15 Std.

Aufstieg/Abstieg
Ab Kratzegg rund 700 Hm

Anforderungen
Ordentliche Bergwege in Wald, Wiesen- und zuoberst leichtem Schrofengelände, markiert und ohne schwierige Stellen. Moderates Tagesprogramm.

Beste Jahreszeit
Juni bis zum Einschneien im Spätherbst

Einkehr
Ulfaser Alm

Karte
Tabacco, 1:25 000, Blatt 039 »Passeiertal«

Hört man sich im Passeiertal nach den schönsten Wanderbergen um, so wird man immer wieder auf die Matatzspitze verwiesen. In ihrer weit vorgerückten Position steht sie allgegenwärtig über dem Tal und gewährt umgekehrt feinste Tief- und Fernblicke. Ein auf den gemäßigten Bergwanderer perfekt zugeschnittenes Gipfelziel.

Rundtour über die Ulfaser Alm   Vom **A Wanderparkplatz** folgen wir zuerst dem Wirtschaftsweg am nahen **Kratzegghof** vorbei in Richtung **1 Ulfaser Alm** (1601 m), die im Hochtal des Saldernbachs zuletzt mit einer markanten Schleife erreicht wird. Direkt bei der beliebten Almgaststätte setzt die Gipfelroute an, führt zunächst über die Wiesen in eine Waldzone und hier deutlich nach rechts. Bei einer Gabelung knickt man scharf links ab und gelangt an einem alten Almgebäude (P. 1849) vorbei wieder in freieres Gelände. Kurz vor der Kammhöhe grüßt ein Almkreuz über die liebreizende Ulfaser Gegend. Die finalen 200 Höhenmeter werden entlang dem Gipfelrücken in problemlosem Zickzack absolviert, ehe man über ein paar Blöcke von Norden her das Kreuz auf der **2 Matatzspitze** (2179 m) erreicht.

Um sich für den Rückweg noch eine spannende Extraschleife zu gönnen, folgt man aus dem Sattel dem geradeaus weiterführenden Steig Nr. 7, durchquert am Hahnl eine Miniaturfelslandschaft und setzt den Abstieg auf dem seicht nach Nordosten ausstreichenden Wiesenrücken fort. Kurz vor der Anhöhe am **3 Hitzen-**

Atemberaubender Tiefblick von der Matatzspitze ins Passeiertal

bichl (P. 1825) wenden wir uns links hinab und gelangen über Waldwiesen zur ❹ **Kuntner Alm** (1747 m). Danach vorübergehend etwas steiler und mit einem Linksschwenk zum Waalweg, der uns auf angenehmer, schattiger Trasse zurück zur ❶ **Ulfaser Alm** bringt. Hier wird man sich jetzt mit Vergnügen eine schmackhafte Tiroler Jause servieren lassen.

Ländliche Idylle beim Kratzegghof

Vielseitiger Wanderberg

Die Matatzspitze hat ihren Namen vom Höfeweiler unterhalb. Topografisch ist sie ein Ausläufer der Kolbenspitze, der aber durchaus Eigenständigkeit und touristisch sogar deutlich größeren Stellenwert besitzt. Anstiegsmöglichkeiten gibt es sowohl von Matatz (Ausgangspunkt beim Valtelehof, ca. 1100 m) über die steile Ostseite, von Christl (1132 m) in voller Länge über den Nordostrücken sowie am kürzesten von Ulfas aus.

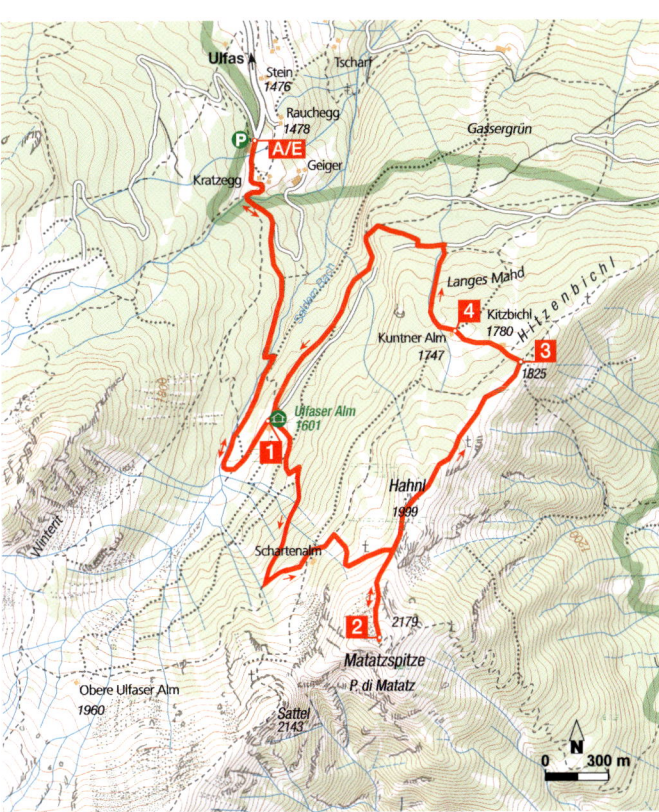

Pfelderer Panoramaweg

Vor dem mächtigen Gurgler Kamm

leicht   2–3.45 Std.   550 Hm   8 km

Besonderer Genuss:
Aussicht

Talort
Pfelders (1628 m), in einem
Seitental des Hinterpasseier

Ausgangspunkt
Großer Parkplatz am Ortsein-
gang von Pfelders; Bus von
St. Leonhard

Gehzeiten
Pfelders – Karalm – Grünboden
1.45 Std. (entfällt mit Seilbahn) – Faltschnalalm – Lazins
1.15 Std. – Pfelders 0.45 Std.;
insgesamt 2 bis 3.45 Std.

Aufstieg/Abstieg
Insgesamt ca. 550 Hm, mit
Seilbahn kaum 100 Hm

Anforderungen
Beim Zustieg etwas verschlun-
gener, holpriger Waldpfad,
eigentlicher Höhenweg besser
ausgebaut. Keine besonderen
Schwierigkeiten, auch konditionell (mit Seilbahn gar nur eine
Kurzwanderung).

Beste Jahreszeit
Mitte Juni bis Oktober (Seil-
bahnbetrieb aber nur bis Ende
September)

Einkehr
Grünbodenhütte; Faltschnalalm; Lazinser Hof; Zeppichl

Karte
Tabacco, 1:25 000, Blatt 039
»Passeiertal«

Obwohl die Berge rund um Pfelders hoch und wild in den Himmel ragen, kann auch der einfache Wanderer hier einige Tage mit angenehmen Wanderungen verbringen. Für einen ersten Überblick lohnt sich der Höhenweg südlich über dem Ort, wo es – abgesehen von der Skischneise – ein urwüchsiges Ambiente gibt und der gewaltige Gurgler Kamm wie auf dem Präsentierteller liegt.

Spritztour oder etwas mehr   Pfelders ist für das Meraner Land so etwas wie das Ende der Welt. Hier ist vom milden Hauch des Südens nichts mehr zu spüren, stattdessen steht die Barriere des Alpenhauptkamms ganz nah. Klar, dass solche Impressionen auf den Höhenwegen über der Waldgrenze ganz besonders gut zur Geltung kommen. Mit der Grünbodenseilbahn gelangt man völlig mühelos an die 2000-Meter-Marke und kann Richtung Faltschnalalm in herrlichsten Ausblicken schwelgen. Wer freilich mehr als nur einen ausgedehnten Spaziergang unternehmen will, verdient sich die optischen (und leiblichen) Genüsse redlich, indem er vom Talort aus zuerst einen Bogen gegen das Faltmar-Hochtal schlägt. Hier herrscht auch deutlich weniger Betriebsamkeit.

Mit Zustieg von Pfelders   Gleich vom **A Parkplatz** vor dem Ort schräg hoch und links abknickend mit Nr. 5 über die Pistenschneise hinweg. Danach folgen längere Waldpassagen mit horizontalem oder ansteigendem Verlauf, insgesamt recht verschlungen. Nach rund einer Stunde steigt man endlich in freiem Gelände auf und kommt zur verfallenen **1 Karalm** bei P. 1952. Von einem Rücken mit Rastbank schweift unser Blick ins Faltmartal, doch lassen wir in Kürze Nr. 5 in die Distelgrube ziehen und drehen mit Nr. 5a markant nach rechts ab. Mit einigen Kehren ist das Niveau des Höhenwegs gewonnen, und eine aussichtsreiche Hangtraverse inmitten blockdurchsetzter Zwergstrauchheiden kann beginnen. Nach einem leicht fallenden Wegstück kommen wir ins weniger anheimelnde Skigebiet am **2 Grünboden** hinein, das auch sommers von einer Seil-

![Wanderer auf dem Panoramaweg mit Blick auf die schneebedeckten Berge des Gurgler Kamms.]

Am Panoramaweg haben wir ständig den Südabbruch des Gurgler Kamms vor Augen.

bahn bedient wird und weniger Gehfreudigen einen bequemen Zugang ermöglicht.

Zum Glück ist das Intermezzo bald vorüber, die ungeliebte Piste oberhalb der Bergstation rasch gekreuzt. Wir folgen weiter dem nahezu hangparallelen Panoramaweg, der nun seine schönsten Rastplätze präsentiert. Vom höchsten Wegpunkt geht es an der Berglehne des Schafbichls entlang allmählich wieder abwärts, bis man wenige Meter vor der neu ausgebauten ❸ **Faltschnalalm** (1871 m) auf ein Schottersträßchen stößt. Drüben, auf der anderen Seite des rauschenden Pfelderer Bachs, empfängt uns der gemütliche ❹ **Lazinser Hof**. Zurück nach Pfelders kann man das Almsträßchen auf der rechten Bachseite benutzen; schöner und nur wenig länger geht es sich allerdings auf den Naturwegen der linken Seite – erst das letzte Stück ab ❺ **Zeppichl** erfolgt dabei auf einer Straße.

3000er am Gurgler Kamm

Am Panoramaweg zieht uns vor allem die Gipfel-Skyline des Gurgler Kamms mit ihren bis fast 3500 Meter hohen Bergriesen in Bann. Von Seeber- und Liebener Spitze im Osten zieht die Kammlinie hinüber zum mächtigen Hinteren Seelenkogel und weiter südwestwärts zur Hohen Wilde, dem zweiten großen Aushängeschild der Pfelderer Bergwelt.

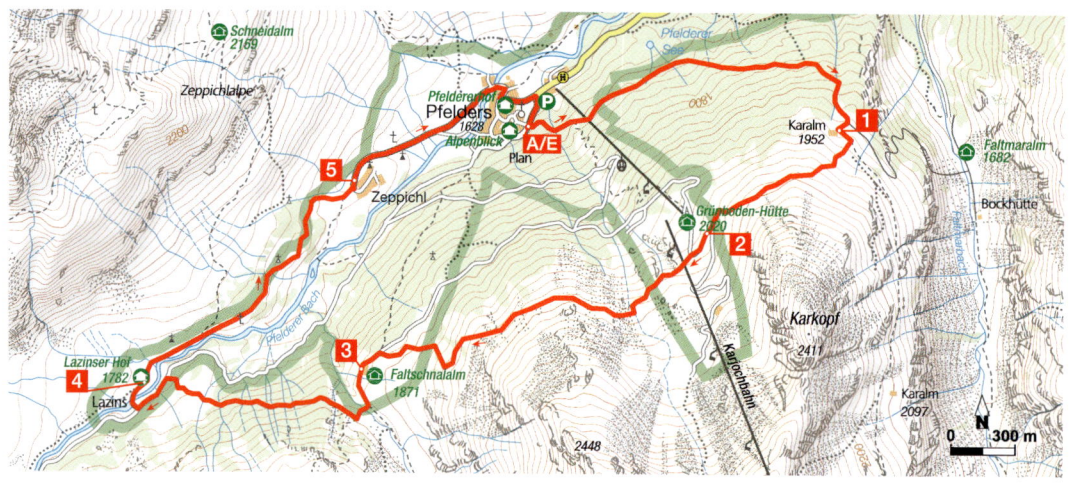

Lazins im inneren Pfelderer Tal

Zwickauer Hütte

Am Seelenkogel hoch über Pfelders

mittel   6.30 Std.   1350 Hm   9 km

Sie kratzt zuweilen an den Wolken oder steckt gar mittendrin, doch bei schönem Wetter ist es hier unvergleichlich: Aus nahezu 3000 Meter Höhe schaut die Zwickauer Hütte tief ins Pfelderer Tal hinab und weit über die Texelgruppe hinaus, rückseitig angelehnt an die Bergmasse des Hinteren Seelenkogels. Ein wirklich exklusiver Hüttenstandort!

Hohe Hütten des Alpenvereins Im Einzugsbereich von Pfelders finden wir zwei hochalpine Stützpunkte: zum einen die zuhinterst am Eisjöchl gelegene Stettiner Hütte (wir werden sie beim Meraner Höhenweg kennenlernen!), zum anderen die Zwickauer Hütte, die ihren Platz im Jahr 1899 auf einem Vorsprung am Rande des Planferners, direkt und himmelhoch über Pfelders, gefunden hat. Beide Herbergen blicken gleichsam parallel auf eine bewegte Geschichte zurück, die nach der euphorischen Pionierzeit des Alpenvereins von den Turbulenzen zweier Weltkriege und dem politischen Gerangel um Südtirol geprägt, besser gesagt überschattet wurde. Die erste einschneidende Zäsur geschah mit der Enteignung nach dem Ersten Weltkrieg, worauf die Hütten dem CAI als neuem Besitzer zufielen. In den Dreißigerjahren sind sie dann zerstört

Besonderer Genuss: Aussicht

Talort
Pfelders (1628 m), Bergdorf in einem Seitental des Hinterpasseier

Ausgangspunkt
Großer Parkplatz am Ortseingang von Pfelders; Bus von St. Leonhard

Gehzeiten
Pfelders – Schneidalm
1.30 Std. – Zwickauer Hütte
2.30 Std., Abstieg 2.30 Std.;
insgesamt 6.30 Std.

Aufstieg/Abstieg
Ab Pfelders 1350 Hm

Anforderungen
Bezeichneter Bergweg über einen beachtlichen Höhenunterschied bis in geröllig-felsiges Gelände. Phasenweise steil und, weil südseitig, zusätzlich schweißtreibend. Solide Trittsicherheit und gute Kondition erforderlich.

Beste Jahreszeit
Juli bis September (Bewirtschaftungszeit der Zwickauer Hütte)

Hütten/Einkehr
Schneidalm; Zwickauer Hütte (Übernachtung möglich, Tel. 0473/64 60 02)

Karte
Tabacco, 1:25 000, Blatt 039 »Passeiertal«

In fast 3000 Meter Höhe: die Zwickauer Hütte am Hinteren Seelenkogel

worden (die Stettiner durch eine Lawine, die Zwickauer durch Brand), ehe nach Wiederaufbau die Sechzigerjahre aufgrund der Grenznähe eine Beschlagnahmung durch das italienische Militär zeitigten. Doch all diese Schwierigkeiten gehören nunmehr zum Glück der Vergangenheit an ...

Von Pfelders über die Schneidalm Bereits am Ortsrand von **Ⓐ Pfelders** überschreiten wir den Pfelderer Bach und steigen an der gegenüberliegenden Talflanke mit Nr. 6a aufwärts. Die ver-

Ein echtes Wolkenhaus

Abends bis zur Dämmerung gedankenverloren in das großartige Panorama zu versinken, in der gemütliche Stube anschließend noch ein, zwei Viertele zu genießen und ein paar Stunden später den jungen Morgen auf fast 3000 Meter Höhe zu erwarten, das sind einfach Erlebnisse, die stimmungsvoller kaum sein können. Während die rückseitige Felsflanke des Seelenkogels wie ein Lehnsessel anmutet, ist der Horizont auf Südtiroler Seite weit offen. Den näheren Bergraum jenseits des abgrundtiefen Pfelderer Tals beherrschen die dunklen Urgesteinsgipfel der Texelgruppe.

Die »Skyline« der Dolomiten im Südosten verleitet indes kundige Bergfreunde bei klarem Wetter zum beliebten Gipfelbestimmungsspiel: Ob Geislerspitzen, Langkofel oder Marmolada – wer kennt all die Profile? Wenn in der Früh von Osten her die ersten Sonnenstrahlen über die Landschaft streichen, dann ist vor allem die Hochwilde als mächtiger Markstein des Alpenhauptkamms ein Blickfang. Und am Seelenkogel, dem fast gleichhohen Nebenbuhler, der direkt über unserer Hütte aufragt, lockt das grell aufblinkende Gipfelkreuz plötzlich unwiderstehlich ...

ästelte Fernerbachrunse gibt zunächst die Leitlinie vor; später schweifen wir nach links ab und gewinnen an üppig bewachsenen Hängen die bewirtschaftete ❶ **Schneidalm** (2159 m), die wenige Schritte abwärts unserer Route liegt und allen gemäßigten Wanderern als Ziel empfohlen werden kann. Für jene, die höher hinausmögen, erscheint angesichts des Bevorstehenden eine Einkehr vielleicht verfrüht, doch wird sicher beim Rückweg noch Zeit dafür sein. Jetzt links haltend über Grasmatten zur Aussichtskanzel der ❷ **Oberen Schneid** (2371 m), wo auch ein spärlicher Pfad abzweigt, der um den Bockberg herum in den Pfelderer Höhenweg zur Stettiner Hütte einmündet. Für uns heißt es am begrünten Geländesporn in vielen Kehren weiter in die Höhe zu streben. Derweil bleiben die Matten allmählich zurück. Wir passieren die beiden Abzweigungen des »44ers« Richtung Stettiner Hütte links und Kreuzjoch/Rauhjoch rechts, bevor einige oft schneedurchsetzte Blockschuttfelder an den Fuß des Weißen Knott leiten. Dort oben thront weithin sichtbar die ❸ **Zwickauer Hütte** (2979 m), die zuletzt auf gut angelegtem Felssteig erreicht wird.

Der Abstieg erfolgt auf dem gleichen Weg, falls man nicht mit Nr. 44 ostwärts über die Silberfäden zahlreicher Bergbäche Richtung Kreuzjoch (2545 m) hinausqueren und von dort talwärts steigen (ca. 1 Std. länger) oder gar den Übergang zur Stettiner Hütte unter die Sohlen nehmen möchte.

Schroffe Topografie über dem innersten Pfelderer Tal; auffällig sind die hellen Marmorschichten.

Schneeberg – Timmler Schwarzsee

Zwischen Bergbaurelikten und alpiner Urlandsc

mittel   6.15 Std.   1050 Hm   15 km

Besonderer Genuss:
Ruhe und Natur

Talort
Moos in Passeier

Ausgangspunkt
Timmelsbrücke (1759 m),
hinter Schönau an der Tim-
melsjochstraße; im Sommer
Wanderbus zwischen Moos und
Obergurgl (übers Timmelsjoch)

Gehzeiten
Timmelsbrücke – Obere Gostalm 1 Std. – Schneeberghütte
1.15 Std. – Karlscharte
1.15 Std. – Schwarzsee
1.15 Std. – Timmelsalm 1 Std.
– Timmelsbrücke 0.30 Std.;
insgesamt 6.15 Std.

Aufstieg/Abstieg
Mit kleinen Gegensteigungen
ca. 1050 Hm

Anforderungen
Ordentlich markierte Bergwege,
in den höheren Lagen teils
Blockschutt oder leicht felsig,
entsprechend etwas Trittsicherheit angenehm, bei schlechter
Sicht zudem Orientierungsver-
mögen nötig. Tagfüllende Tour,
die auch Ausdauer verlangt.

Beste Jahreszeit
Ende Juni bis September oder
Oktober (sofern schneefrei)

Hütten/Einkehr
Obere Gostalm; Schneeberghütte (Übernachtung möglich,
Tel. 0473/64 70 45); Timmelsalm

Karte
Tabacco, 1:25 000, Blatt 039
»Passeiertal«

Die Gegensätze könnten stärker kaum sein: Während sich im Quelltal der Passer ursprünglichste
Zentralalpennatur ausbreitet, präsentiert sich nebenan das viele Jahrhunderte lang vom Bergbau in
Beschlag genommene Gebiet um St. Martin am
Schneeberg. So werden uns auf dieser abwechslungsreichen Rundtour ganz verschiedene Gesich-
ter der Passeirer Bergwelt vor Augen geführt.

Europas höchstgelegenes Bergwerk Abraumhalden, Stollen,
Relikte alter Förder- und Transportanlagen ... – was rund um
das ehemalige Knappendorf St. Martin zu sehen ist, lässt sich
mit allzu lieblichen Vokabeln kaum umschreiben. Gleichwohl
hinterlässt die Szenerie einen nachhaltigen Eindruck, findet
sich hier doch eines der interessantesten Kapitel Tiroler Indus-
triegeschichte. Am Schneeberg befand sich nämlich einst das
höchste Bergwerk Europas und zeitweise auch eines der be-
deutendsten. Die Anfänge gehen mindestens auf das Jahr 1237
zurück, aus dieser Zeit stammt das älteste schriftliche Zeugnis,
in dem »gutes Silber vom Schneeberg« Erwähnung findet. Im
15. und 16. Jahrhundert stand die Förderung in höchster Blüte.
Sterzing kam als Stadt der Gewerken zu Ansehen und Macht,
die Verbindungen reichten bis zu den Augsburger Fuggern, die
hier Zweigniederlassungen gründeten und aus dem Bergsegen
ordentliche Gewinne schöpften.
Die Lagerstätten ziehen sich in 2000 bis 2500 Meter Höhe durch
das gesamte Gebiet zwischen dem Passeier- und dem Ridnauntal. Nach und nach sind die Bergkämme von einem verzweig-
ten Stollen- und Grubensystem gleichsam durchlöchert worden
wie ein Schweizer Käse. In der Hauptsache wurden zunächst
Silber und Blei, ab 1871 dann Zinkblende als das am häufigs-
ten vorkommende Erz gefördert. In diese Zeit fallen auch die
Inbetriebnahme der Erzaufbereitungsanlage Maiern im hinteren Ridnauntal sowie der Wechsel des aufwendigen Abtrans-
ports über Saumwege zu einer modernen schienengebundenen
Übertage-Förderanlage, die von Seemoos über 27 Kilometer bis
nach Sterzing reichte. Mit ihren steilen Bremsbergen stellte sie

Wanderer im Aufstieg von der Timmelsalm zum Schwarzsee

eine ingenieurtechnische Meisterleistung dar. Die ganzjährig bewohnte Siedlung St. Martin auf 2355 Meter Höhe bekam ihr heutiges Gesicht.

Aber trotz sukzessive verbesserter Förder- und Transportmethoden war das Leben der Knappen zu jeder Zeit überaus hart und gefährlich. Gruben- und Lawinenunglücke waren keine Seltenheit, und viele starben früh infolge der schlechten Lebensbedingungen. Den Profit strichen freilich andere ein. Eine Verklärung ob der bemerkenswerten Leistungen scheint daher nicht angebracht, auch im Hinblick auf die Umwelt, die zu den großen Verlierern zählte. Den Schlusspunkt unter fast 800 Jahre Bergbauaktivität am Schneeberg markiert das Jahr 1979, als der Förderbetrieb wegen mangelnder Rentabilität komplett eingestellt wurde. Inzwischen sind die Anlagen im Rahmen des Südtiroler Bergbaumuseums für interessiertes Publikum zugänglich. So konnte ein kulturgeschichtliches Denkmal beachtlichen Ausmaßes gerade noch rechtzeitig vor dem Verfall bewahrt werden. Das ehemalige Herrenhaus steht heute als Unterkunft für Wanderer bereit.

Zeichen bergmännischer Vergangenheit

Über die Obergostalm zum Schneeberg Bei der **Ⓐ Timmelsbrücke** können wir noch kurz rechts zu einem Parkplatz hinauffahren, dann werden die Wanderschuhe geschnürt. Mit Nr. 29 geht es über eine Almfläche in den Wald, dort vorerst ein Stück aufwärts und später nahezu horizontal um einen weiten Hang herum. Über die knapp unterhalb gelegene bewirtschaftete ❶ **Obere Gostalm** (1990 m) kann ein kleiner Umweg gewählt werden. Wir lassen die Waldgrenze nun allmählich hinter uns und nähern uns dem Kessel von **Seemoos,** der reiche Zeugnisse aus der Bergbauzeit offenbart. Jetzt entweder mit Nr. 29 links ausholend oder über einen speziell ausgewiesenen Montanwanderweg direkter im Zickzack über den Steilriegel – und wir befinden uns im historischen »Dorf« St. Martin mit der heutigen ❷ **Schneeberghütte** (2355 m). Auffälligster Gipfel im Rund ist die Gürtelspitze, die man an ihrem hellen Marmorstreifen sofort erkennen wird.

Über die Karlscharte ins Timmelstal
Hinter der Schneeberghütte kurz in eine Senke und aus dieser linker Hand über Weidehänge wieder hinaus. Im Angesicht der nahen Gürtelspitze schwenkt man in eine Karmulde ein und steigt darin über Schotter bis zur ❸ **Karlscharte** (2666 m) an. Vom höchsten Punkt der Tour nordseitig hinab, wobei man sich über Blockschutt, Gletscherschliffe und teilweise auch über den von der Schneeberger Weißen herabbröckelnden hellen Kalkschotter nun mehr und mehr rechts hält. Dieser Abstieg läuft auf die weitflächigen Hochböden der Timmelsalm, dem Ursprung des

In der Umgebung von St. Martin am Schneeberg stoßen wir allenthalben auf Relikte des Bergbaus. Im Hintergrund sticht die markante Gürtelspitze ins Auge.

![Timmler Schwarzsee eingebettet in eine Karwanne mit Bergpanorama](photo)

Passeiertals, aus. In dem unübersichtlich kupierten Gelände schlagen wir einen großen Bogen, überqueren einige Bachläufe und gewinnen im Gegenanstieg die Schwelle des ❹ **Großen Timmler Schwarzsees** (2505 m). Der Glanzpunkt! Vom Südwestufer leiten wir den Abstieg ein. Er steht ganz im Zeichen einer Wildbachlandschaft, im spannungsreichen Wechsel zwischen ungestüm brausend und lieblich gurgelnd, wie er eigentlich nur einem jungen Gebirgsbach zu eigen sein kann. Über die erste Geländestufe steigen wir zu den grünen Böden von Ober- und Unterkrumpwasser ab, wo mustergültige Mäander zu beobachten sind. Dann folgt eine zweite Stufe am Rande eines klammartig eingeschnittenen Bachabschnitts mit kleinen Kolken und Wasserfallkaskaden, der unten auf den Anger der ❺ **Timmelsalm** (1979 m) ausläuft. Wer mag, kann hier nochmals einkehren, bevor es die letzte halbe Stunde auf breitem Kiesweg zum Parkplatz hinausgeht.

Wie gemalt bettet sich der Timmler Schwarzsee in eine eiszeitliche Karwanne.

Timmler Schwarzsee

Das bezauberndste Fleckchen auf dieser großzügigen Bergwanderung ist zweifellos der Timmler Schwarzsee. Dort sind wir umgeben von Bildern voller Harmonie, die uns im Innersten anrühren! Während rückseitig die Gipfel der Botzergruppe prangen und die Schneeberger Weiße mit ihrer Nordflanke herüberschaut, steht in der Ferne die vergletscherte Mauer um den Hohen First Parade. Wir werden ihr bei Tour 43 noch näher kommen …

Rundtour im Seebertal

Zwei urige Almen und ein See

leicht   2.45 Std.   350 Hm   7 km

Besonderer Genuss:
Einkehr

Talort
Moos in Passeier

Ausgangspunkt
Parkplatz (ca. 1900 m) vor der
Seeberalm; Abzweig von der
Timmelsjochstraße gut 1 km
hinter dem Gasthof Hochfirst

Gehzeiten
Über Seeberalm zum Seebersee
1.30 Std., Rückweg via Oberglaneggalm 1.15 Std.; insgesamt 2.45 Std.

Aufstieg/Abstieg
Rund 350 Hm

Anforderungen
Leichte Wanderung auf markierten Wegen in meist sanftem
Wiesen-gelände; allenfalls
einige Vorsicht bei Bachquerun-
gen. Gemäßigte Halbtagestour.

Beste Jahreszeit
Juni bis Oktober

Einkehr
Seeberalm; Oberglaneggalm

Karte
Tabacco, 1:25 000, Blatt 039
»Passeiertal«

Über das 2900 Meter hohe Apere Ferwalljoch ins Seebertal kommend, betrat ich vor vielen Jahren erstmals Südtiroler Boden. Jüngst sah mich ein strahlender Junimorgen auf einer genussvollen Kurzwanderung, die alte Erinnerungen wachrief und mich überhaupt tief bewegte. Denn die Land-schaft strahlt hier alle Ruhe und Erhabenheit aus ...

Eine Bilderbuchlandschaft Wie gegenüber im Timmelstal gibt es auch im Seebertal ein hübsches Seenkleinod zu entdecken,

**Im Seebersee spiegeln sich
die schneebedeckten Berge.**

das ich zum Ziel dieser angenehmen Kurzwanderung küren möchte. Mit dem Spiegelbild von Hohem First, Granatenkogel und Co. liegt der Seebersee traumhaft schön eingebettet in die weiten Mattenböden, so wie es unserer Bilderbuchvorstellung von einer heilen Hochgebirgswelt entspricht. Die beiden Zugänge von der Seeber- und der Oberglaneggalm lassen sich prima zu einem Rundkurs verbinden.

Vom Ⓐ **Parkplatz** laufen wir auf dem leicht fallenden Fahrweg binnen 20 Minuten zur ❶ **Seeberalm** (1842 m), wo laut Chronik einst drei ganzjährig bewohnte Bauernhöfe gestanden haben. Dahinter geht es auf einem Steig sanft weiter taleinwärts, links begleitet vom tosenden, leicht klammartig eingeschnittenen Seeberbach. Man passiert eine Hirtenhütte und rückt vor dem Buckel des Seekofels aus der Talsohle nach rechts ab, um vorübergehend etwas steiler zu einer Wiesenterrasse anzusteigen. Ein kleines Stück noch über eine unscheinbare Anhöhe und wir stehen bereits am schilfumgürteten Ufer des ❷ **Seebersees** (2056 m). Grandios erscheint die Hintergrundkulisse des Ötztaler Hauptkamms, wo der Hohe First dominiert.

Der Rückweg soll in nördlicher Richtung entlang der besagten Hangterrasse erfolgen, die für uns einen breiten, unbeschwerten Laufsteg auslegt. Zunächst steigt sie noch leicht an, ehe sich die Trasse mit Querung einiger kleiner Bäche zur gemütlichen ❸ **Oberglaneggalm** (2062 m) fortsetzt. Zuletzt geht es von dort auf beschildertem Steig rasch zum Ⓐ **Parkplatz** hinab.

Oberglaneggalm

Als junger Mensch mit wenig Bergerfahrung, aber viel Enthusiasmus kam ich einst über den Tiroler Alpenhauptkamm zur Oberglaneggalm in der Annahme, dort übernachten zu können. Eigentlich ist man dort jedoch nicht darauf eingerichtet. Mit einem Heulager über dem Kuhstall endete dieser aufregende Tag – mein erstes Südtirol-Erlebnis überhaupt! Man nehme sich einmal Zeit, das herzliche Ambiente auf der Oberglaneggalm zumindest während einer zünftigen Marende zu genießen …

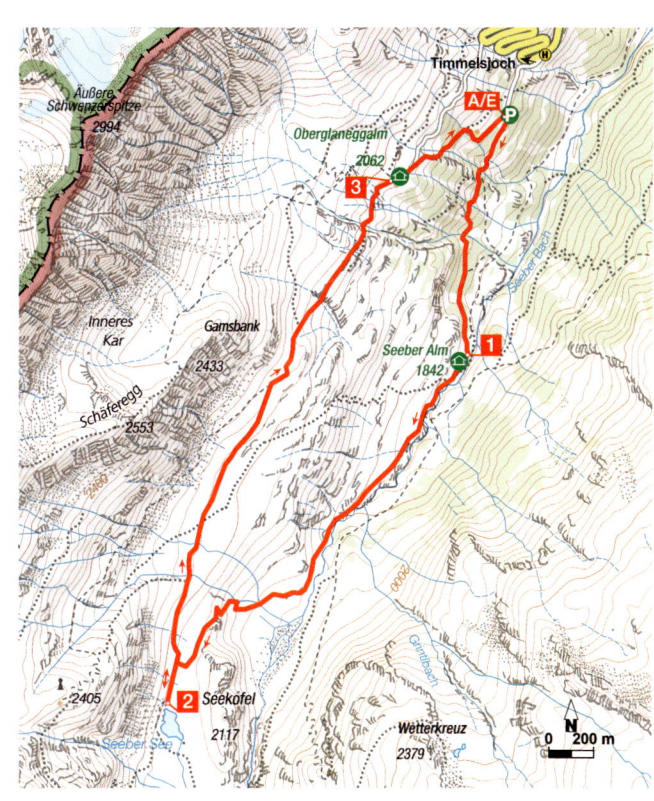

Meraner Höhenweg

In fünf Tagen rund um die Texelgruppe

mittel 5 Tage 4500 Hm 86 km

Ausgangspunkt
Prinzipiell viele verschiedene Möglichkeiten. Hier wird der Start in Pfelders (1628 m) vorgeschlagen.

Gesamtdauer
Laut Beschreibung 5 Tage; es gibt aber genügend Flexibilität, auch mit 6 oder gar nur 4 Tagen zu planen.

Aufstieg/Abstieg
In Summe ca. 4500 Hm

Anforderungen
Es überwiegen gut ausgebaute Höhenwege im Wechsel zwischen offenen und bewaldeten Hanglagen; vereinzelte ausgesetzte Passagen sind meist abgesichert. Zwischenstücke auch auf Höfestraßen. Über das Eisjöchl ebenfalls problemlose Wegtrasse, allerdings ist die Höhenlage zu beachten. Grundlegende Trittsicherheit obligatorisch, zudem Durchhaltevermögen für die komplette Rundtour.

Beste Jahreszeit
Für weite Strecken recht lange Saison zwischen Mai und Ende Oktober. Das Eisjöchl ist aber erst ab Mitte/Ende Juni passierbar und im späteren Herbst eventuell schon wieder kritisch (abhängig von der Schneelage).

Hütten/Einkehr
Rund vier Dutzend Möglichkeiten sind bei den Einzeletappen aufgeführt.

Karte
Tabacco, 1:25 000, Blätter 039 »Passeiertal«, 011 »Meran und Umgebung« und 04 »Schnalstal – Naturns«

Mit einem Mehrtagestrek, der einmal vollumfänglich die Texelgruppe umrundet, haben wir das absolute Wander-Highlight unseres Gebiets vor Augen. Seitdem diese Tour offiziell als »Meraner Höhenweg« ausgerufen und viel für die Infrastruktur aufgewendet wurde, ist ihre Popularität ungebrochen. Und die Fülle an Eindrücken ist schlichtweg unschlagbar!

Wo sich Wildnis mit Bauernkultur verbandelt   Man lernt hier ja nicht nur die großartige Hochgebirgsnatur im Süden der Ötztaler Alpen kennen und schwelgt stets aufs Neue in herrlichsten Ausblicken, auch das arbeitsreiche Leben der Bergbauern, die dieser Landschaft seit zahllosen Generationen ihren Stempel aufdrücken, offenbart sich auf ganz unmittelbare Weise. Und gerade aus dieser Symbiose zwischen Natur- und Kulturwanderung heraus wird der Meraner Höhenweg viele Menschen begeistern. Wer wäre nicht entzückt beim Anblick der stolz am Steilhang klebenden Höfe, wo fleißige Hände seit ehedem Auskommen sichern und dazu beitragen, dass wir das landschaftliche Ambiente als so harmonisch und anheimelnd empfinden. Zwar dürften einige Wegabschnitte als Verbindung zwischen benachbarten Anwesen schon ein fast biblisches Alter aufweisen, doch gibt es den offiziellen Meraner Höhenweg erst seit gut 30 Jahren. Nach seiner feierlichen Einweihung im Jahr 1985 stieg er freilich rasch zu einem der beliebtesten Wanderwege Südtirols auf. Sicher konnte davon auch manche auf entlegenem Gehöft ansässige Bergbauernfamilie profitieren, was durchaus erklärtes Ziel der Initiatoren war. Als »Freundschaftsband von Hof zu Hof, von Gemeinde zu Gemeinde, von Tal zu Tal« erklärte Helmut Ellmenreich, seinerzeit Vorsitzender der AVS-Sektion Meran, den Meraner Höhenweg, der somit als Musterbeispiel für einen sanften, naturverträglichen Tourismus apostrophiert werden kann.

Ein Trekking der Extraklasse   Wer noch keine Erfahrung mit alpinen Mehrtagestouren gesammelt hat, findet hier zweifels-

Profilierte Gipfelgestalten: Hohe und Kleine Weiße im Pfossentalschluss

ohne einen idealen Einstieg. Die Impressionen sind ungeheuer vielgestaltig, landschaftlich zum Teil hervorragend, wie wir in den folgenden Etappenkapiteln noch genauer sehen werden. Dagegen weist der Weg als solcher keine außergewöhnlichen Hürden auf, kann also von jedem marschtüchtigen Bergfreund begangen werden. Die wenigen ausgesetzten Passagen am Vinschgauer Sonnenberg sind bestens abgesichert, und auch die Überschreitung des Eisjöchls ist – trotz der beachtlichen Höhe von 2895 Metern – als unschwierig zu bezeichnen. Die größte potenzielle Gefahr geht vermutlich eher von freilaufenden Hunden auf manchem Berghof aus! Andererseits werden selbst Bergsteiger, die gewohnt sind, sich im Rahmen zünftiger Touren im hochalpinen Gelände zu bewegen, das entspannte Wandern als ausgesprochen wohltuend und genussvoll empfinden. Der Autor kann's bestätigen! Das Herz muss nur offen sein für all die Rei-

Die Etappen im Überblick

1. Tag: Pfelders – Magdfeld; 5.30 – 7 Std.
2. Tag: Magdfeld – Hochganghaus; 7.15 Std.
3. Tag: Hochganghaus – Pirchhof; 5 Std.
4. Tag: Pirchhof – Eishof; 6.45 Std.
5. Tag: Eishof – Pfelders; 5.15 Std.

Der Meraner Höhenweg führt an den Muthöfen oberhalb von Dorf Tirol vorbei. Blickfang gegenüber ist das Ifinger-Massiv.

ze, die sich auf der Strecke ganz offenkundig oder auch im Verborgenen darbieten.

Mehr als 80 Kilometer misst die Wanderstrecke rund um die Texelgruppe, die mit der Nummer 24 durchgängig einheitlich bezeichnet ist. Falls man nicht gerade völlig unaufmerksam ist, kann man kaum vom Kurs abkommen. Aufgrund der Vielzahl von Unterkünften, die mittlerweile vor allem von Berghöfen und Almen bereitgestellt werden, lässt sich die Etappeneinteilung ganz individuell gestalten. Zahlreich sind die Ein- und Ausstiegsgelegenheiten, sodass natürlich auch Teilbegehungen infrage kommen.

Um einen »roten Faden« zu spinnen, hat sich der Verfasser entschieden, gewissermaßen dramaturgisch vorzugehen und den Scheitelpunkt der Tour auf die Schlussetappe gelegt. Das bedeutet, dass wir in Pfelders starten und im Uhrzeigersinn dann zuerst die weniger spektakuläre, gleichwohl interessante Passeirer Osttraverse der Texelgruppe unter die Sohlen nehmen – auf mäßiger Höhe günstig zum Einlaufen, wie ich meine. An der Südlehne, hoch über Meran und dem unteren Vinschgau, ist die Wegführung oftmals beeindruckend, von der Aussicht ganz zu schweigen. Über zahlreiche Höfe am Sonnenberg schwenkt man später ins Schnals- und Pfossental ein, ehe sich mit der Überschreitung des Eisjöchls der Kreis Richtung Pfelders schließt.

Pfelders – Magdfeld

Auftakt im Hinterpasseier

Im waldreichen Hinterpasseier können wir uns in angenehmer Weise auf die große Rundwanderung einstimmen. Der Meraner Höhenweg berührt hier einschichtige Höfe und Bergweiler und hält zu alpinen Szenerien noch gebührend Distanz.

Durchs Pfelderer Tal In Ⓐ **Pfelders** blicken wir fasziniert einwärts zur Hochwilde, die das Tal zuhinterst abriegelt, doch werden wir dieser Szenerie vorerst geduldig den Rücken kehren, um sie in ein paar Tagen als buchstäblichen Höhepunkt zu feiern. Talauswärts läuft der Meraner Höhenweg parallel zu Bach und Straße, kurze Stücke auch auf dieser. Gegenüber vom Gasthaus **Bergkristall** ist eine steile Felswand als Klettergarten entdeckt worden. Knapp 30 Minuten später gelangen wir nach **Innerhütt** (1444 m) und anschließend nach ❶ **Außerhütt** (1457 m), wo sich unser Weg endgültig von der Pfelderer Fahrstraße verabschiedet. Es sei nicht verschwiegen, dass für diesen Streckenabschnitt häufig der Bus benutzt wird, was dank regelmäßiger Verbindungen problemlos möglich ist.

Von Außerhütt nach Christl Kurz hinter der Bushaltestelle lotst uns die Markierung (Nr. 24, wie immer) rechts auf eine anstei-

mittel 5.30–7 Std. 750 Hm 16–21 km

Besonderer Genuss:
Kultur am Wegrand

Ausgangspunkt
Pfelders (1628 m) bzw. die Häusergruppe Außerhütt (1457 m), ca. 5 km davor

Endpunkt
Magdfeld (1150 m), südlich von St. Martin in Passeier

Gehzeiten
Pfelders – Außerhütt 1.30 Std. (oder Bus) – Ulfas 1.30 Std. – Christl 1.15 Std. – Matatz 1 Std. – Magdfeld 1.45 Std.; insgesamt 5.30 Std. ab Außerhütt, 7 Std. ab Pfelders

Aufstieg/Abstieg
Rund 750 Hm Aufstieg, 1220 Hm Abstieg

Anforderungen
Teils Forst- oder Höfestraßen, teils aber auch kleinere Fußsteige, nirgends schwierig oder problematisch. Man beachte die Länge der Etappe, insbesondere wenn man ab Pfelders zu Fuß geht.

Beste Jahreszeit
Mai/Juni bis Oktober

Hütten/Einkehr
Pfelders; Bergkristall; Innerhütt (Übernachtung (=ÜN), Tel. 0473/ 64 68 18); Christl (ÜN, Tel. 0473/65 62 46); Valtelehof (Übernachtung, Tel. 0473/64 13 29); Krusterhof (ÜN, Tel. 0473/ 64 13 35); Magdfeld (ÜN, Tel. 0473/64 12 49)

Karte
Tabacco, 1:25 000, Blatt 039 »Passeiertal«

Orientierungstafel im Pfelderer Tal

gende Forststraße, die bald auf einem kleineren Waldsteig verlassen wird. Man geht das Farmazontal aus und achtet drüben auf die richtige Fortsetzung halb rechts. Ein längeres, bequem durch den Tassachwald ziehendes Forstwegstück bringt uns als Nächstes in den offenen Streuweiler ❷ Ulfas (1328 m), wobei uns schon vorher ein toller Durchblick in das hinterste Passeiertal mit der Ortschaft Moos verblüfft. Ulfas selbst darf sich gegenseitig mit dem Sonnendorf Stuls grüßen, das sich vis-à-vis auf gleicher Höhe unter dem Kreuzspitzkamm hinbreitet. Zwischen den Höfegruppen sollten wir jetzt gut auf die Beschilderung achten, stehen doch mehrere kleinräumige Richtungswechsel an, ehe wir uns auf dem »Nellinger Höhenweg« befinden. Die schwäbische Alpenvereinssektion unterstützte den nun bevorstehenden Abschnitt finanziell und wurde daher namentlich verewigt. Im Auf und Ab gilt es den Graben des Saldernbachs auszugehen, dann folgen in Abständen die Gehöfte von Gögele, Glauben und Gorges, jedes mit seiner eigenen Rodungsinsel inmitten des dunklen Kammerwaldes. Auf einer Asphaltstraße laufen wir im Weiler ❸ Christl (1132 m) ein, wo der Unterchristlhof zu Rast und Einkehr lädt. Vom hohen Hangrücken blickt man wunderbar auf St. Leonhard sowie durchs

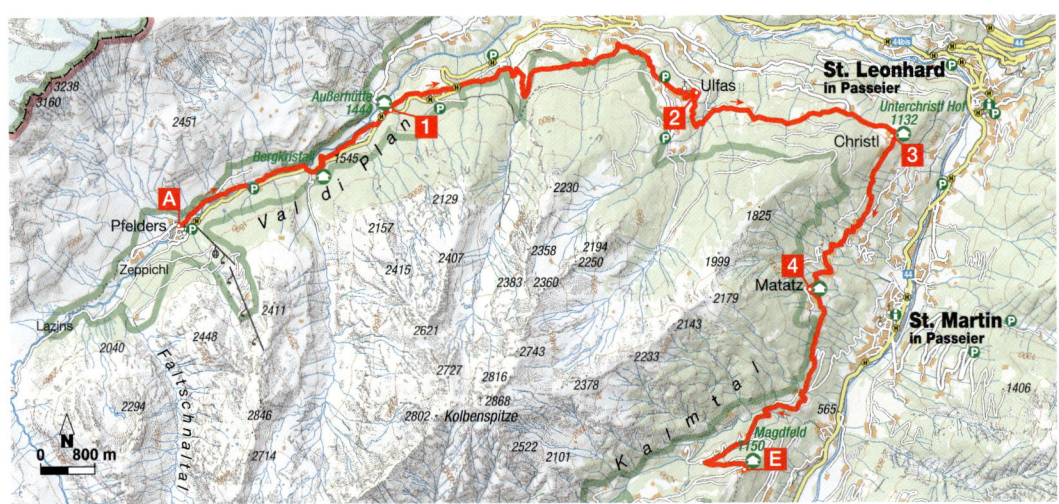

Waltental zum Jaufenpass. Links formiert sich die südlichste Front der Stubaier Alpen, rechts der Sarntaler Westkamm.

Via Matatz nach Magdfeld Über Christl hinaus vollziehen wir auch die markante Biegung des Passeiertals mit und wandern nun in Südrichtung. Die Fahrstraße zieht am Lockengeierhof vorbei, ehe zwischen Hausfeld (1096 m) und Thal ein schmale-

Ausblick von Ulfas Richtung Stuls und Waltental

rer Pfad einige Bachrunsen übersetzt. Drüben wieder auf eine Höfestraße, die zum nahen Eggerhof (1022 m) – er soll im Ursprung bis ins 13. Jahrhundert zurückreichen – und in minimaler Gegensteigung nach ❹ Matatz führt. Wem nun schon allmählich die Müdigkeit in die Beine kriecht, der kann sich hier einquartieren: entweder im Krusterhof (1052 m) oder etwas oberhalb im Valtelehof (1100 m).

Ansonsten steht im Wechsel zwischen steileren Steigen und der Höfestraße ein deutliches Abwärtsstück an, das über den Gruberhof hinaus bis zum tiefsten Punkt des gesamten Meraner Höhenwegs leitet. Dieser liegt auf rund 800 Meter Seehöhe im Kalmtal, wo sich ebenfalls schöne Anwesen ins Landschaftsbild fügen. Auf der anderen Seite des Einschnitts sind nochmals gut 300 Meter anzusteigen, bis wir zuletzt über das Zufahrtsträßchen beim aussichtsreich gelegenen Gasthaus ❺ Magdfeld (1150 m) eintreffen.

Höfeweiler im Passeiertal

Bodenständigkeit gilt in Südtirol allgemein als gute Tugend, doch in besonderer Weise wird diese Eigenschaft den Passeirern nachgesagt. Und wo könnte sich dies wohl ausgeprägter zeigen als dort, wo die archetypischen Tiroler Berghöfe stolz über die Talschaft schauen. Ihren Verbindungswegen folgt die erste Etappe am Meraner Höhenweg.

44-2

Magdfeld – Hochganghaus

Meraner Logenplätze

mittel 7.15 Std. 1250 Hm 18 km

Besonderer Genuss: Aussicht

Ausgangspunkt
Magdfeld (1150 m)

Endpunkt
Hochganghaus (1839 m)

Gehzeiten
Magdfeld – Vernuer 2 Std. – Longfallhof 1.30 Std. – Hochmuth 1.30 Std. – Leiteralm 1 Std. – Hochganghaus 1.15 Std.; insgesamt 7.15 Std.

Aufstieg/Abstieg
Etwa 1250 Hm Aufstieg, 560 Hm Abstieg

Anforderungen
Meist bestens ausgebaute Wanderwege, abschüssige Passagen mit Ketten gesichert; über dem Passeiertal auch einzelne Straßenabschnitte. Abwechselnd Strecken durch Wald und offene Flanken. Trittsicherheit angenehm, bis Hochganghaus gute Ausdauer (davor auch Übernachtungsgelegenheit).

Beste Jahreszeit
Mai/Juni bis Oktober

Hütten/Einkehr
Magdfeld (Übernachtung = ÜN, Tel. 0473/64 12 49); Brunner (ÜN, Tel. 0473/24 10 36); Bergrast; Walde (ÜN, Tel. 0473/24 11 98); Longfall/Talbauer (ÜN, Tel. 0473/22 99 41); Hochmuth (ÜN, Tel. 333/266 84 84); Steinegg; Leiteralm (ÜN, Tel. 333/625 59 03); Hochganghaus (ÜN, Tel. 0473/44 33 10)

Karte
Tabacco, 1:25 000, Blatt 011 »Meran und Umgebung«

An der Passeirer Flanke nähern wir uns jetzt dem großen Meraner Becken, wo mediterran angehauchte Luft ein besonderes Flair verströmt. Die Südlehne der Texelgruppe lockt auch viele Tageswanderer an, sind die Impressionen doch einfach bestechend.

Durch die Außerpasseirer Höfelandschaft Von **A** Magdfeld schlagen wir einen anregenden Hangweg ein, der lichte Gehölze und steile Ziegenweiden schneidet, später dann durch dichteren Wald bis in die Nähe des **Schafflerhofs** (1004 m) zieht. Hier nimmt uns eines der typischen Bergsträßchen auf, welches die Anrainer mit der Außenwelt verbindet. Man kann das Bedürfnis nachvollziehen, obschon jedes Asphaltband unsere wunschgemäße Idylle ein klein wenig stört. Nach einer Weile Gegenanstieg erreichen wir Gand und Gstear und damit wieder einen reizvollen Naturweg, der nun das tief eingefurchte

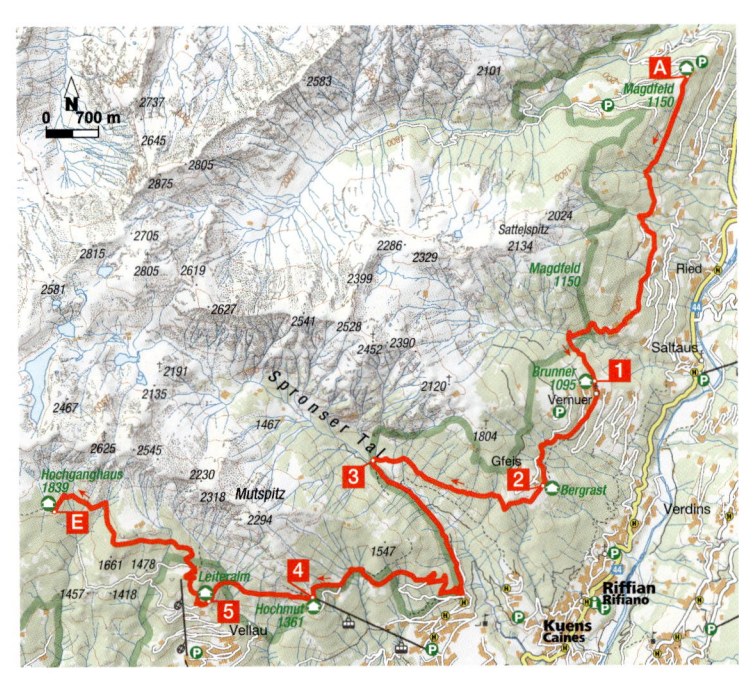

142

Saltauser Tal ausgeht (eine Passage gesichert). Immer wieder ergeben sich prächtige Ausblicke passerauf- und passerabwärts, wobei uns besonders das Höfeambiente am Steilhang fasziniert. Dieses prägt auch den Streuweiler ❶ **Vernuer** mit dem Gasthaus **Brunner** (1095 m): ein möglicher Stützpunkt, falls man den Etappenplan abwandelt.

Beim Parkplatz etwas weiter geht man rechts die Straße hoch, um an beschilderter Stelle einen parallel geführten Waldsteig einzuschlagen. Er führt zu den Zeisolthöfen und zum Gasthof ❷ **Bergrast** (1178 m). Dahinter öffnet sich mit dem Spronser Tal der größte Einschnitt im Osten der Texelgruppe. In einer großzügigen Abwärtstraverse laufen wir hinein und kreuzen kurz nach dem bewirtschafteten ❸ **Longfallhof** (1075 m) den Spronser Bach. Spätestens hier wird man mit erhöhter Betriebsamkeit konfrontiert, streckt doch das touristische Meraner Kerngebiet seine Fühler aus.

Über Hochmuth und Leiteralm An der schattigen Waldlehne des Mutkopfes weisen die Markierungen wieder aufwärts, bald sogar in überraschend steilem Zickzack. Wir müssen den gesamten Berghang umkurven, um dahinter ins Reich der Muthöfe mit dem stark frequentierten Gasthaus **Talbauer** (1209 m)

Spektakulär durchschneidet der Hans-Frieden-Weg die steile Südflanke der Mutspitze.

Meran aus der Vogelperspektive

Im Laufe dieser Etappe kommen wir Meran am nächsten. Der Hochmuther liegt quasi direkt oberhalb des großen Talbeckens und bietet eine gigantische Vogelperspektive. Schaut man dieses Panorama gar bei Nacht, ist man wie elektrisiert vom geradezu kunstvoll strukturierten Lichtermeer der Siedlungen.

Gasthaus Steinegg, eine der zahlreichen Jausenstationen in den Bergflanken des zentralen Meraner Beckens

zu gelangen. Was für eine Bilderbuchszenerie über dem Geländerücken von Dorf Tirol! Unmittelbar im Taubenschlag befinden wir uns aber erst eine halbe Gehstunde höher beim Gasthaus ❹ **Hochmuth** (1361 m), wo die Seilbahn andockt.

Die folgende Strecke auf dem kühn in den Felsenhang geschlagenen **Hans-Frieden-Weg** gehört zum Populärsten und Spektakulärsten über den Dächern Merans. Mit ein paar Stufen zur Jausenstation **Steinegg** hinan, dann durch ein Gatter in die steil abbrechende Südflanke der Mutspitze. Eidechsen flitzen über sonnenwarme Felsen, nebenan die bodenlose Tiefe. Das Begehen dieser exponierten, gleichwohl bestens in Schuss gehaltenen und an kritischen Stellen abgesicherten Trasse verläuft wie im Rausch! Nach einem markanten Graben tritt man leicht bergauf über die Schwelle der ❺ **Leiteralm** (1522 m), auch so ein beliebtes Meraner Ausflugsziel. Unmittelbar dahinter verschwindet unser Höhenweg in ausgedehnten Waldlehnen, steigt bis zum Hochganghaus mehrheitlich schattig an, wobei allerdings einige steile Runsen gequert werden. Auf einem ausgedehnten Wiesenpodest, am Fuße der Spronser Rötelspitze, steht neben der altehrwürdigen Unterkunft das nagelneue ❻ **Hochganghaus** (1839 m).

Hochganghaus – Pirchhof

Hoch über dem Vinschgau

Großartige, zuweilen archaisch anmutende Höhensteige kennzeichnen den Abschnitt am steppenartigen Sonnenhang der Texelgruppe. Weit verstreut kleben die luftigen Nester uralter Berghöfe, jeder für sich ein kleines, eigenes Reich. Das Tal der Etsch liegt durchschnittlich mehr als 1000 Meter tiefer, die Gipfel ebenso viel höher: Dimensionen, die jeden Wanderer beeindrucken ...

Oberhalb von Partschins Nachdem wir vom **Ⓐ Hochganghaus** (1839 m) weiter gen Westen aufgebrochen sind, gabelt sich bald der Weg. Tüchtigen Wanderern möchte ich an dieser Stelle einen Hinweis auf den Franz-Huber-Steig (Nr. 7b) nicht vorenthalten: Die fantastische, streckenweise luftig angelegte Panoramaroute zieht eine Etage höher durch die Flanken zur Lodnerhütte. Für uns gilt indes die homogene Bezeichnung 24 mit ihrem Verlauf knapp unterhalb der Waldgrenze. Nach der

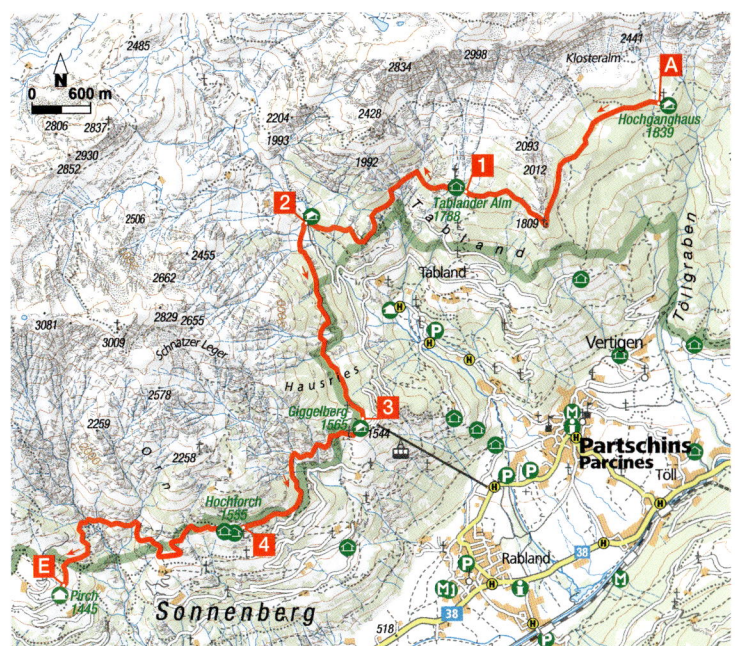

● mittel ⏱ 5 Std. ⛰ 600 Hm 🚶 12 km 🚡

Besonderer Genuss: Ruhe und Natur

Ausgangspunkt
Hochganghaus (1839 m)

Endpunkt
Pirchhof (1445 m), am Naturnser Sonnenberg

Gehzeiten
Hochganghaus – Tablander Alm 1.15 Std. – Nasereit 0.45 Std. – Giggelberg 1 Std. – Hochforch 0.45 Std. – Pirchhof 1.15 Std.; insgesamt 5 Std.

Aufstieg/Abstieg
Etwa 600 Hm Aufstieg, 1000 Hm Abstieg

Anforderungen
Diese Etappe ist kürzer, vom Weg her aber etwas anspruchsvoller als bisher. Teils schmale, holprige Abschnitte erfordern auf jeden Fall grundlegende Trittsicherheit; im Bereich der Lahnbachschlucht musste aufwendig trassiert werden.

Beste Jahreszeit
Juni bis Oktober

Hütten/Einkehr
Hochganghaus (Übernachtung (=ÜN), Tel. 0473/44 33 10); Tablander Alm; Schutzhütte Nasereit (ÜN, Tel. 0473/96 82 22); Giggelberg (ÜN, Tel. 335/675 47 10); Hochforch; Pirchhof (ÜN, Tel. 0473/66 78 12)

Karte
Tabacco, 1:25 000, Blatt 011 »Meran und Umgebung«

Eine beliebte Jausenstation ist
die Tablander Alm.

urigen **Goidner Alm** (1824 m) führt die blockbesetzte Trasse
recht verschlungen hinüber zur **Hohen Wiege** (1809 m), wo ein
Wetterkreuz an einem südlichen Kammausläufer des Tschigat
weit über den Vinschgau grüßt: meines Erachtens einer der
besten Aussichtspunkte am gesamten Meraner Höhenweg. Wir
passieren diese Kanzel und setzen den Weg in ähnlicher Weise
zur ❶ **Tablander Alm** (1788 m) fort. Noch so ein romantisches
Plätzchen, an dem sich leicht die Zeit vergessen lässt.

Bis ins Zieltal ist die Trasse wieder besser gefügt, der Untergrund nicht mehr so blockreich. Insgesamt leicht, aber bestän-
dig abwärts erreichen wir dort die aus einem uralten Schwaighof hervorgegangene ❷ **Schutzhütte Nasereit** (1523 m). Hier
fast höhengleich weiter zur gegenüberliegenden Waldlehne. Inmitten der Traverse verbirgt sich ein kurzer, kräftiger Anstieg,
ehe die Route wieder leicht fällt oder im Wesentlichen horizontal nach ❸ **Giggelberg** (1565 m) hinauszieht. Der herrlich gelegene Hof ist seit dem 16. Jahrhundert nachweisbar und mit seiner guten Küche heute ein beliebtes Vinschgauer Ausflugsziel.

Durch die wilde Lahnbachschlucht   Noch älter als Giggelberg
dürfte ❹ **Hochforch** (1555 m) sein, wo wir nach Querung der
Schindelbachrunse, zuletzt kurz über die Zufahrtsstraße, einlaufen. Bewundernswert, wie Menschen seit Jahrhunderten im
Einklang mit der Natur lebten und dankbar annahmen, was
die Scholle nach mühevoller Bearbeitung zu geben bereit war.

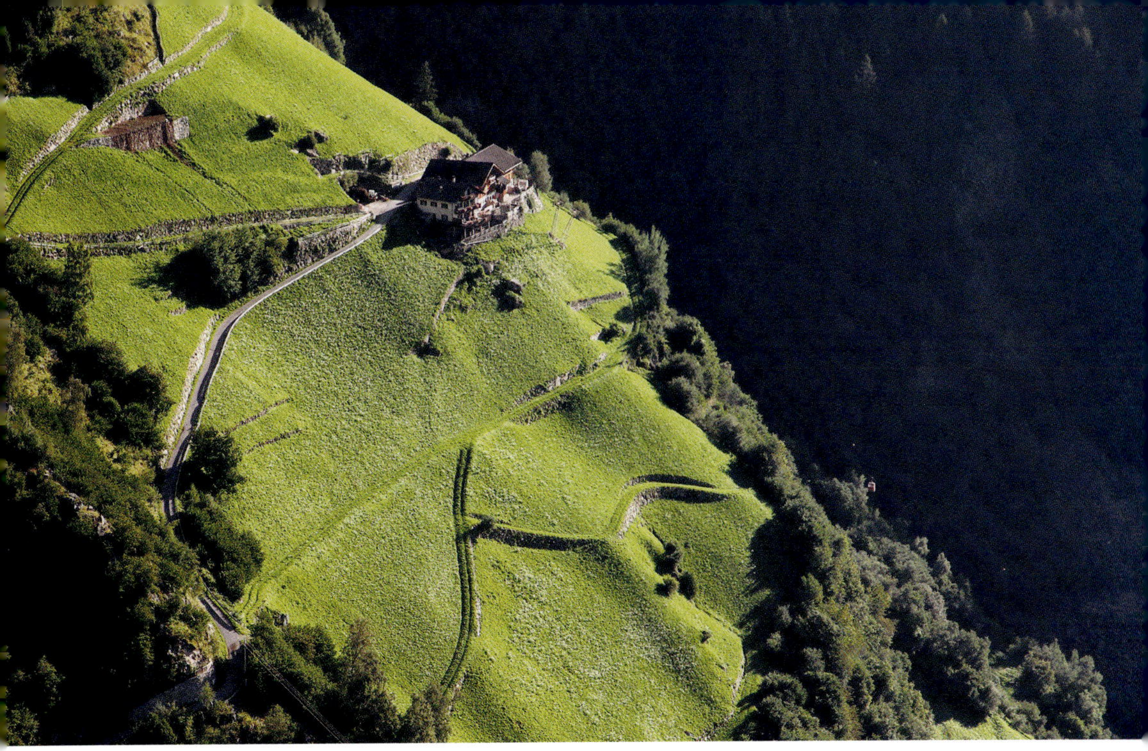

Archaisch wirkende Berghöfe kleben an den Steilflanken.

Ohne den tourismusbedingten wirtschaftlichen Aufschwung wären freilich wohl immer mehr Höfe zum Sterben verurteilt. Hinter Hochforch nähern wir uns der tiefen Lahnbachrunse, einem doppelten, von Lärchenwäldern bestandenen Tobel, der als größtes Geländehindernis am gesamten Meraner Höhenweg gilt. Jedes Unwetter ist ein potenzieller Schadensbringer, doch normalerweise wird die Weganlage ob ihrer Bedeutung zuverlässig instand gehalten. Jedenfalls besteht sie hier vielfach aus Stiegen mit Seilgeländer, die in abschüssigen Hängen Stabilität gewährleisten. Nach steilem Abstieg geht es mit kurzem Zwischenanstieg in den zweiten Graben und dann kräftig steigend aus der wilden, urwüchsigen Schlucht heraus, ehe man um das Schnatzer Egg herumschwenkt und den malerischen E **Pirchhof** (1445 m) erreicht. Hier ist prima einkehren und auch ein Nachtquartier gut gewählt. Wer mag, kann natürlich auch noch ein Stück weiterlaufen; Schnatz, Galmein, Lint und Patleid heißen weitere Unterkünfte am Naturnser Sonnenberg und sind nur maximal eine Gehstunde entfernt.

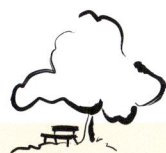

Verschlungene Wege

Vielfältig ist am Meraner Höhenweg nicht nur das Ambiente, auch die Wegbeschaffenheit an sich beinhaltet eine gewisse Diversität. Wer es nicht unbedingt möglichst komfortabel braucht, sondern vor allem gern auf Naturwegen unterwegs ist, wird diesen dritten Abschnitt zu schätzen wissen. Da schlängelt sich die Route häufig durch sehr urwüchsiges Gelände, besonders ausgeprägt in der wilden Lahnbachschlucht.

Pirchhof – Eishof

Vom Naturser Sonnenberg ins Pfossental

mittel   6.45 Std.   1130 Hm   20 km

Besonderer Genuss:
Einkehr

Ausgangspunkt
Pirchhof (1445 m), oberhalb von
Naturns

Endpunkt
Eishof (2071 m), im Pfossental

Gehzeiten
Pirchhof – Lint 1 Std. – Abzweig
Katharinaberg 1.45 Std. – Vorderkaser 2.30 Std. – Eishof
1.30 Std.; insgesamt 6.45 Std.

Aufstieg/Abstieg
Etwa 1130 Hm Aufstieg,
500 Hm Abstieg

Anforderungen
Gute Verbindungswege von
Hof zu Hof, kaum ausgesetzte
Stellen. Zwischendurch werden
Bergstraßen berührt, meist aber
Naturwege. Von der Vorderkaser
zum Eishof breiter Almfahrweg.
Weite Strecke, Ausdauer wichtig.

Beste Jahreszeit
Mai/Juni bis Oktober

Hütten/Einkehr
Pirchhof (Übernachtung = ÜN,
Tel. 0473/66 78 12); Schnatz
(ÜN, Tel. 0473/ 66 77 44); Grub;
Galmein (ÜN, Tel.0473/66 81 17);
Innerforch; Patleid (ÜN, Tel.
0473/66 77 67); Lint (ÜN, Tel.
0473/66 78 84); Innerunterstell;
Kopfron; Untervernatsch (ÜN, Tel.
0473/67 92 41); Montfert (ÜN, Tel.
0473/67 92 36); Nassreid (ÜN,
Tel.0473/67 92 33); Vorderkaser
(ÜN, Tel. 473/67 92 30); Mitterka-
seralm (ÜN, Tel.0473/66 81 31);
Rableid Alm (ÜN, Tel. 35/36 67 66);
Eishof (ÜN, Tel. 335/654 33 00)

Karte
Tabacco, 1:25 000, Blatt 04
»Schnalstal – Naturns«

Am Sonnenberg hoch über Naturns und auch an den Schnalstaler Bergflanken gibt es eine geradezu archetypische Südtiroler Höfelandschaft zu entdecken. Der Meraner Höhenweg avanciert hier zum Kulturwanderweg par excellence, führt uns die Parzellierung der Steilhänge zwischen bewässerten Wiesen und trockener Steppenvegetation vor Augen. Im Pfossental schließlich wird der Horizont enger, die Bergwelt alpiner ...

Höfestafette nach Katharinaberg   Von **Ⓐ Pirch** (1445 m) geht es ein Stück mit der Zufahrt bergab, bis wir rechts Richtung **Grub** (1377 m) einbiegen können. Nach einer Wiesentraverse stehen wir plötzlich auf einer nagelneuen Hängebrücke, die ich eher als überflüssigen Gag empfinde, denn der Bachgraben kurz vor **Galmein** (1384 m) bedeutet eigentlich kein Hindernis. Nächster, etwas höher gelegener Hof am Naturser Sonnenberg ist der **Innerforch** (1470 m), ehe man um den offenen Hangrü-

Wegpassage zwischen Lint und Innerunterstell

Vorderkaser im Pfossental

cken des Patleidecks herumzieht und bei ❶ **Lint** (1464 m) wieder kurzzeitig ein Sträßchen betritt. Allmählich öffnet sich das Schnalstal, lässt die hohen Berge des Alpenhauptkamms erahnen. Die Traverse nach **Innerunterstell** (1470 m), hoch über der Schnalser Schlucht, zählt zu den pfundigsten Passagen des Tages. Wieder eine Einkehrmöglichkeit, es geht wirklich Schlag auf Schlag, sodass selbst bei heißer Witterung niemand verdursten muss. Ein Stück weiter zeigt sich bei **Wald** (1505 m) eine hübsche Kapelle, während bei ❷ **Kopfron** (1436 m) wieder ausgeschenkt wird. Nach dem Wandhof senkt

Alle Nase lang eine Einkehr

Der gesamte Meraner Höhenweg ist mit Jausenstationen und Berggasthäusern fraglos gut bestückt. Unschlagbar erscheint deren Dichte allerdings am Naturnser Sonnenberg. Dort geht es wirklich Schlag auf Schlag, sodass man letztlich vor der Qual der Wahl steht, wo man sich zwischendurch zur Rast niederlässt. Auch im Pfossental gibt es später noch vier verschiedene Möglichkeiten.

sich die Trasse bis zu einem Graben, um aus diesem kurz und kräftig zur aussichtsreichen Geländeschulter von **Unterperfl** (1417 m) anzusteigen. Bald dahinter gabelt sie sich, wobei der Meraner Höhenweg das fantastisch gelegene Bergdorf **Katharinaberg** (1245 m) links liegen lässt und stattdessen den Waldhang oberhalb schneidet. Katharinaberg selbst, mit seinem hoch aufgerichteten Kirchturm über dem Schnalstal unverwechselbar, wird aber auch häufig als Start- bzw. Endpunkt gewählt.

Ins alpine Pfossental   Nach einer horizontalen Querung gilt es wieder etwas anzusteigen, und zwar bis zum Sträßchen nach ❸ **Montfert** (1471 m), einem besonders schmucken Paarhof in ausgesuchter Lage. Gleich dahinter übernimmt neuerlich ein Steig die Führung, wobei der Höfereigen nun vorerst hinter uns liegt. Man schneidet steile Trockenhänge mit anspruchsloser Vegetation und kommt in leichtem Auf und Ab zu einem Wiesenrücken, wo unser Weg markant nach rechts ins Pfossental einschwenkt. Durch einen ausgedehnten Waldhang büßt man etwas Höhe ein, tangiert hinter Infangl kurz die Fahrstraße, bleibt aber rechts davon und lenkt seine Schritte allmählich aufwärts, der stark frequentierten ❹ **Vorderkaser** (Gasthof Jägerrast, 1693 m) entgegen.

Für zahllose Tagesausflügler ist dies der Ausgangspunkt für eine Wanderung ins hintere Pfossental, mehr oder weniger weit. Auch wir sind in der Wahl des letzten Nachtlagers flexibel, können nach dem phasenweise kräftig ansteigenden Wegstück und der großen Rechtsbiegung bei der **Mitterkaser** (1954 m) oder bei der ❺ **Rableid Alm** (2004 m) bleiben. Wer noch etwas weiter der komfortabel breiten Trasse folgt, landet hinter einer letzten Waldparzelle schließlich beim ❻ **Eishof** (2071 m), der bis zum Ende des 19. Jahrhunderts sogar ganzjährig bewohnt war und damit die höchste Dauersiedlung der Ostalpen darstellte. Im Blickfeld liegen hier die Dreitausender des Pfossentalschlusses.

Eishof – Pfelders

Königsetappe über das Eisjöchl

mittel   5.15 Std.   830 Hm   15 km

Auf der finalen Etappe des Meraner Höhenwegs steigen wir bis in hochalpine Höhen auf, was einerseits seinen besonderen Reiz besitzt, andererseits auch unumgänglich ist. Denn die Texelgruppe ist vom Ötztaler Hauptkamm nur durch das 2895 Meter hohe Eisjöchl getrennt. Allzu große Befürchtungen muss bei guten sommerlichen Verhältnissen indes niemand hegen: Es führt ein gut hergerichteter Serpentinenweg über den Pass.

Vom Pfossental ins Pfelderer Tal Natürlich ist dies die Königsetappe, denn eine annähernd vergleichbare Höhe wie am Eisjöchl erreicht man sonst nirgends auf dem Meraner Höhen-

Besonderer Genuss: Ruhe und Natur

Ausgangspunkt
Eishof (2071 m), im Pfossental

Endpunkt
Pfelders (1628 m)

Gehzeiten
Eishof – Stettiner Hütte 2.30 Std. – Lazinser Alm 1.45 Std. – Pfelders 1 Std.; insgesamt 5.15 Std.

Aufstieg/Abstieg
830 Hm Aufstieg, 1270 Hm Abstieg

Anforderungen
Übers Eisjöchl ehemaliger Militärweg, in zahllosen Serpentinen relativ flach angelegt und wandertechnisch problemlos, aufgrund der Höhenlage aber dennoch ernst zu nehmen. Im Pfelderer Tal gemütlicher Ausklang. Konditionell durchschnittliche Tagesetappe.

Beste Jahreszeit
Je nach Schneeschmelze ab Mitte/Ende Juni bis zum Schneefall im Herbst (meist im Laufe des Oktobers)

Hütten/Einkehr
Eishof (Übernachtung = ÜN), Tel. 335/654 33 00); Stettiner Hütte (ÜN, Tel. 0473/64 67 89); Lazinser Alm; Lazinser Hof; Zeppichl (ÜN, Tel. 0473/64 67 20)

Karte
Tabacco, 1:25 000, Blätter 04 »Schnalstal – Naturns« und 039 »Passeiertal«

Almrauschblüte am Fuße der Hochwilde

weg. Und entsprechend ist auch das hochalpine Ambiente, wenn man mit den Dreitausendern so richtig auf Tuchfühlung geht. Vom **Ⓐ Eishof** (2071 m) lenken wir unsere Schritte über schöne Mattenböden weiter gen Osten, sprich taleinwärts. Im Hintergrund beeindrucken sie bereits, die formschöne und mit ihrem Marmorgestein so augenfällige Hohe Weiße sowie links der Jochsenke die dunkelfelsige Hohe Wilde. Nach einiger Zeit beginnt der alte, in den Zwanzigerjahren vom Militär gefügte Karrenweg mit den ersten Serpentinen. Die Steigung ist mäßig, also angenehm auch für weniger leistungsstarke Lungen. Im oberen Teil orientiert man sich – stets ordentlich bezeichnet – mehr nach links und steigt schließlich in schon ziemlich ödem Gelände die letzten Kehren zum **Eisjöchl** (2895 m) an. Gleich dahinter erwartet uns die **❶ Stettiner Hütte** (2875 m), die nur während dreier Monate (Juli bis September) ihre Pforten offen hält. Vor einigen Jahren wurde sie von einer Lawine zerstört und harrt momentan als Provisium einem Neubau.

Kratzen an der 3000er-Marke

Das Eisjöchl ist zwar längst nicht mehr vergletschert, wie der Name vermuten ließe, doch die respektable Höhenkote von 2895 Metern stellt im Verlauf des Meraner Höhenweges einen Ausnahmewert dar. Entsprechend hochalpin präsentiert sich die Umgebung, flankiert von Hoher Wilde und Hoher Weiße, zwei für tüchtige Bergsteiger erstrebenswerte Ziele. Auch als Normalwanderer lassen wir uns von diesem Charisma in Bann ziehen.

Auf der Pfelderer Seite bietet sich ein ähnliches Bild. Das Hochtal hängt zwischen himmelhohen Flanken, besonders steil der Abfall des Ötztaler Hauptkamms. Unsere Wegtrasse freilich präsentiert sich abgesehen von ein paar losen Steinen auch hier bestens. Sie windet sich ausgiebig

Die letzten Schritte zum Eisjöchl, das den höchsten Punkt am gesamten Meraner Höhenweg markiert.

talwärts, zwischendurch mit dem Abzweig des Pfelderer Höhenwegs (Nr. 44). Bei einer flachen Schwelle ist die Originalroute wegen eines Bergsturzes verlegt worden. Man geht nun auf neuem Steig direkter bergab und quert unten am Talboden hinüber zur ❷ **Lazinser Alm** (1860 m). Lieblichkeit umschmeichelt uns auf den Böden neben dem Pfelderer Bach, während aus den Steilflanken die Silberfäden gletschergespeister Wasser talwärts ziehen. Eine gute Stunde noch lässt es sich gemütlich hinausbummeln, zunächst zum ❸ **Lazinser Hof** (1782 m) und schließlich auf der linken Bachseite über den Weiler **Zeppichl** zurück nach ❸ **Pfelders** (1628 m), wo der Meraner Höhenweg nach fünf Tagen lebhafte Erinnerung ist. Eine wunderbare Erinnerung allemal …

Für jeden Tag
die richtige Tour

#	Tour	⏱	⛰ Hm	🥾 km	🍴	☺	🏛	❄	☀	🌳	🚡	⛱	🚌
1	● Um den Vernagtsee	2:30 h	300 Hm	8 km	●	●	●		●				●
2	● Im Hintern Eis	6:15 h	1260 Hm	12 km	●				●				●
3	● Karthaus – Kreuzspitze	5:45 h	1250 Hm	9 km	●		●						●
4	● Mair- und Dickeralm	4:00 h	750 Hm	10 km	●	●				●			●
5	● Juval-Runde	4:00 h	550/850 Hm	11 km	●	●	●	●					●
6	● Ohrnknott	4:00–5:00 h	750 Hm	6–8 km	●	●				●	●		●
7	● Lodnerhütte	6:30 h	1350 Hm	13 km	●	●			●				●
8	● Naturnser Hochwart	5:15 h	1080 Hm	10 km	●								
9	● St. Vigil – Naturnser Alm	3:45 h	690 Hm	10 km	●	●	●			●	●		●
10	● Marlinger Höhen- und Waalweg	4:30 h	400 Hm	14 km	●	●		●					●
11	● Lana – St. Pankraz	3:00 h	300/1050 Hm	10 km	●	●					●		●
12	● Ultner Talweg	3:30 h	350/750 Hm	9 km		●				●			●
13	● Peilstein	6:00–7:00 h	1200 Hm	11 km	●				●				●
14	● Ultner Höfeweg	4:45 h	400 Hm	16 km	●	●	●			●			●
15	● Zur Schusterhütte	4:45 h	700 Hm	13 km	●	●							●
16	● Nagelstein	5:00 h	1000 Hm	8 km	●								●
17	● Höchster Hütte	4:30 h	700 Hm	10 km	●				●				●
18	● Ultner Almenweg	5:30 h	900 Hm	13 km	●					●			●
19	● Kornigl und Schöngrubspitze	4:30 h	870 Hm	8 km	●				●				●
20	● Proveiser Almweg	4:45 h	800 Hm	12 km	●	●			●				
21	● Schönegg und Feli●er Weiher	3:30 h	450 Hm	10 km	●	●				●		●	●
22	● Laugenspitze	4:45 h	920 Hm	9 km	●				●				●
23	● St. Hippolyt und Platzers	4:30 h	800 Hm	13 km	●	●	●	●		●			●
24	● Prissian und Untersirmian	4:00 h	600 Hm	11 km	●	●	●		●				●
25	● Über den Salten	4:00 h	500 Hm	12 km	●	●	●						●

Nr.	Tour	Gehzeit	Höhenunterschied	Länge	Einkehr	kindergeeignet	Sehenswürdigkeit	wintergeeignet	viel Sonne	schattiger Weg	Seilbahn	baden	ÖPNV
26	Zum Knottnkino	2:15 h	300 Hm	7 km	●	●		●		●			●
27	Stoanerne Mandln	6:00 h	950 Hm	20 km	●								●
28	Rund um den Ifinger	6:30 h	1200 Hm	14 km	●					●			●
29	Taser Höhenweg	4:00 h	400/1020 Hm	11 km	●	●	●				●	●	●
30	Maiser Waalweg	2:15 h	30/160 Hm	8 km	●	●		●					●
31	Am Fuße des Hirzers	5:15 h	700 Hm	15 km	●								●
32	Algunder Waalweg und Tappeinerweg	2:30–5:00 h	300 Hm	8–15 km	●	●	●	●					●
33	Mutspitze	6:00–7:00 h	1450 Hm	10 km	●					●			●
34	Die Spronser Seen	7:00–9:00 h	1500/2200 Hm	20 km	●					●	●	●	●
35	Pfitschkopf und Obisellalm	4:30 h	900 Hm	8 km	●	●		●				●	
36	Bärengrüblalm	5:00 h	1000 Hm	9 km	●	●	●						●
37	Wanns – Alpenspitze	5:00 h	1060 Hm	11 km	●								
38	Stuls – Hochalm	4:00 h	850 Hm	8 km	●	●							●
39	Matatzspitze	4:15 h	700 Hm	10 km	●	●		●					
40	Pfelderer Panoramaweg	2:00–3.45 h	550 Hm	8 km	●	●							●
41	Zwickauer Hütte	6:30 h	1350 Hm	9 km	●			●					●
42	St. Martin – Timmler Schwarzsee	6:15 h	1000 Hm	15 km	●			●					●
43	Rundtour im Seebertal	2:45 h	350 Hm	7 km	●	●		●			●		
44	Der Meraner Höhenweg	5 Tage	4500 Hm	86 km	●	●							●
44-1	Pfelders – Magdfeld	5:30–7 h	750/1230 Hm	16–21 km	●	●							
44-2	Magdfeld – Hochganghaus	7:15 h	1250/560 Hm	18 km	●	●							
44-3	Hochganghaus – Pirchhof	5:00 h	600/1000 Hm	12 km	●	●							
44-4	Pirchhof – Eishof	6:45 h	1130/500 Hm	20 km	●	●		●					
44-5	Eishof – Pfelders	5:15 h	830/1270 Hm	15 km	●	●		●					

Piktogramme erleichtern den Überblick

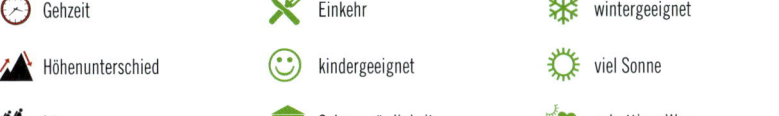

- ⊘ Gehzeit
- ▲ Höhenunterschied
- 🚶 Länge
- ✕ Einkehr
- ☺ kindergeeignet
- 🏛 Sehenswürdigkeit
- ❄ wintergeeignet
- ☀ viel Sonne
- 🌳 schattiger Weg
- 🚡 Seilbahn
- ♨ baden
- 🚌 ÖPNV

Register

Ebenfalls erhältlich ...

ISBN 978-3-7343-1210-6

ISBN 978-3-7654-6024-1

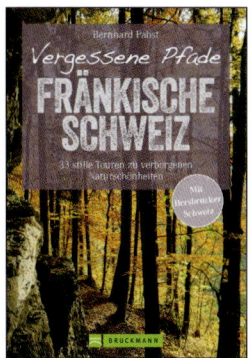

ISBN 978-3-7654-5205-5

ISBN 978-3-7654-8391-2

ISBN 978-3-7654-5275-8

ISBN 978-3-7654-6819-3

ISBN 978-3-7654-6070-8

ISBN 978-3-7654-6803-2

ISBN 978-3-7343-1063-8

Impressum

Verantwortlich: Stefanie Krüger
Redaktion: Dr. Gotlind Blechschmidt, Andreas Kubin
Layout: Eva-Maria Klaffenböck
Repro: Cromika
Kartografie: Bruckmann Verlag GmbH, Heidi Schmalfuß
Herstellung: Alexander Knoll
Printed in Slovenia by Florjancic

Sind Sie mit diesem Titel zufrieden? Dann würden wir uns über Ihre Weiterempfehlung freuen. Erzählen Sie es im Freundeskreis, berichten Sie Ihrem Buchhändler, oder bewerten Sie bei Onlinekauf. Und wenn Sie Kritik, Korrekturen, Aktualisierungen haben, freuen wir uns über Ihre Nachricht an den Bruckmann Verlag, Postfach 40 02 09, D-80702 München oder per E-Mail an lektorat@verlagshaus.de.

Unser komplettes Programm finden Sie unter

Alle Angaben dieses Werkes wurden vom Autor sorgfältig recherchiert und auf den neuesten Stand gebracht sowie vom Verlag geprüft. Für die Richtigkeit der Angaben kann jedoch keine Haftung übernommen werden.

Autorenempfehlung
Sie sind auf der Suche nach weiterführender Literatur? Dann empfehle ich Ihnen den Titel »Panoramawege in Südtirol«. Oder Sie werfen einen Blick in die Zeitschrift »Bergsteiger«. Hier werden Sie bestimmt fündig.
Ihr Mark Zahel

Bildnachweis: Alle Bilder stammen vom Autor.
Umschlagvorderseite: Blick ins Vinschgau an der Hohen Wiege
Umschlagrückseite: Die »Stoanernen Mandln« auf der Großen Reisch (Tour 27)

Die Deutsche Nationalbibliothek verzeichnet diese Publikation in der Deutschen Nationalbibliografie; detaillierte bibliografische Daten sind im Internet über http://dnb.d-nb.de abrufbar.

Überarbeitete Neuauflage
© 2018, 2014 Bruckmann Verlag GmbH
ISBN 978-3-7343-1181-9